ANNE KAMP

HISTAMIN-INTOLERANZ

Ein ganzheitlicher Ansatz für beschwerdefreien Genuss

ANNE KAMP

HISTAMIN-INTOLERANZ

Ein ganzheitlicher Ansatz für beschwerdefreien Genuss

THEORIE

Beschwerdefrei genießen bei Histamin-intoleranz

REZEPTE

Histaminarm genießen ohne Bauchbeschwerden

Rezeptinfos

- vegan
- vegetarisch
- glutenfrei
- laktosefrei

1946

Beschwerdefrei genießen

bei Histaminintoleranz

Zahlreiche Histaminintolerante fühlen sich fast täglich unwohl und leiden unter vielfältigen Beschwerden. In diesem Ratgeber finden Sie einen praktischen Leitfaden, mit dem Sie Ihre Beschwerden in kurzer Zeit deutlich reduzieren können oder auch ganz beschwerdefrei werden. Sie lernen für Sie verträgliche Lebensmittel und Gerichte kennen und finden zahlreiche Alternativen zu Ihren bisherigen Lieblingsgerichten, die Ihren Alltag auch zukünftig abwechslungsreich und genussvoll werden lassen.

Was ist Histaminintoleranz?

Sie leiden unter Bauchbeschwerden, Kopfweh, allergieähnlichen Symptomen – oft ist dafür ein natürlicher Nahrungsbestandteil verantwortlich.

Bei einer Histaminintoleranz (HIT) führen nicht nur Histamin selbst, sondern auch weitere biogene Amine zu Beschwerden. Streng genommen handelt es sich also um eine Unverträglichkeitsreaktion auf biogene Amine. Histamin spielt im menschlichen Körper eine wichtige Rolle. Beispielsweise wirkt es als Gewebshormon und ist wesentlich an der Reizung von Nervenzellen beteiligt, es regt die Bildung des Magensafts an und beeinflusst den Schlaf-wach-Rhythmus. Zudem wird Histamin bei allergischen Reaktionen (z. B. Pollenallergien) in großen Mengen über die Mastzellen freigesetzt, was letztlich die Beschwerden verursacht.

Was läuft falsch?

Bei extrem hohen Histaminmengen in der Kost (z. B. durch verdorbenes Fleisch oder alten Fisch) würde jeder Mensch mit Symptomen reagieren. Histaminintolerante sprechen nur schon auf deutlich geringere Mengen an. Welche Fehlfunktionen im Körper dieser Unverträglichkeit zugrunde liegen, ist noch nicht vollständig zu beantworten.
Ein Mangel an oder eine unzureichende Aktivität des histaminabbauenden Enzyms Diaminoxidase (DAO) gilt als nahezu gesichert. Die DAO wird vor allem in der Schleimhaut des Dünndarms gebildet und muss die mit der Nahrung aufgenommenen biogenen Amine abbauen. Geschieht dies nicht effizient genug, steigt der Histamingehalt im Körper, und es kommt zu Beschwerden, die einer echten Allergie ähnlich sind. Auch ein möglicher Mangel am Enzym Histamin-N-Methyltransferase (HNMT), welches das Histamin innerhalb der Körperzellen abbauen muss, wird diskutiert. Warum oder seit wann bei Ihnen eine HIT vorliegt, lässt sich leider oft nicht genau sagen. Die genauen Hintergründe sind noch nicht bekannt. Eine Heilung ist somit nach heutigem Stand der Medizin auch noch nicht möglich. Bei einigen Menschen kommt es aufgrund einer Darmerkrankung, z. B. einer Dünndarmentzündung, zu einer Histaminintoleranz. Wenn die Grunderkrankung erfolgreich behandelt wurde und ausgeheilt ist, wird die Histaminintoleranz mit großer Wahrscheinlichkeit wieder verschwinden.

Wer ist betroffen?

Auffällig ist, dass es innerhalb einer Familie oft mehr als einen Betroffenen gibt. Erste Studien zeigen dazu, dass auch eine genetische Veranlagung für einen Mangel an Diaminoxidase existiert.

Das Nonplusultra: die Bauchregeln

Sie finden einige der Symptome von S. 11 auch bei sich und vermuten, unter einer Histaminintoleranz zu leiden? Wenn Sie vor allem unter einem unruhigen Bauch (Blähungen, Bauchweh, weiche Stühle und Durchfälle) leiden, dann beginnen Sie damit, die sogenannten Bauchregeln ab S. 32 (oder in der Umschlags- klappe) umzusetzen. Hin und wieder stellt sich heraus, dass die Umsetzung dieser darmfreundlicheren Kost schon genügt oder eine vorliegende Histaminintoleranz deutlich geringer ausgeprägt vorliegt als ursprünglich angenommen. Essen Sie keinesfalls zu streng histaminarm, wenn dieses nicht wirklich nötig ist!

Histaminintoleranz bei Kindern findet sich seltener als bei Erwachsenen. Auch das Ausmaß der Unverträglichkeit ist sehr unterschiedlich. Einige Menschen beobachten schon länger, dass sie Rotwein nicht so gut vertragen wie Weißwein, haben nur gelegentlich Kopfweh oder einen weichen Stuhl und fühlen sich nur mäßig eingeschränkt durch die Beschwerden. Andere leiden schon seit Jahren unter sehr ausgeprägten Symptomen, haben zahlreiche Arztbesuche hinter sich und es fällt ihnen schwer, den Arbeitsalltag gut zu bewältigen. Genauso unterschiedlich ist von Mensch zu Mensch, ab welcher Histaminmenge Beschwerden auftreten. Die Ausprägung einer HIT kann also sehr variabel sein und auch bei ein und demselben Menschen sehr stark schwanken.

Was ist Histamin biochemisch?

Histamin gehört zur Gruppe der sogenannten biogenen Amine, die von Natur aus in Nahrungsmitteln zu finden sind. Biogene Amine entstehen in Nahrungsmitteln aus Aminosäuren (Bausteine für Eiweißstoffe). Diese Aminosäuren können zu biogenen Aminen werden, wenn diese Lebensmittel gelagert oder erhitzt werden. So entsteht aus der Aminosäure Histidin das biogene Amin Histamin oder aus der Aminosäure Tyrosin das biogene Amin Tyramin. Histamin genauso wie auch die anderen biogenen Amine werden den Lebensmitteln also nicht zugesetzt – deshalb sind sie leider aber auch auf keiner Zutatenliste zu finden.

Meist unverträgliche Lebensmittel

Alkohol (v. a. Rotwein und Sekt), Tomaten (v. a. in konzentrierter Form wie in Tomatenmark, -ketchup), Sauerkraut, Spinat, konservierter und geräucherter Fisch (z. B. Thunfisch, Hering, Lachs, Makrele), Erdbeeren, Kiwi, Bananen, Orangen, Ananas, Nüsse, Schokolade, haltbare Dauerwürste (z. B. Salami), konserviertes Fleisch (z. B. roher Schinken, Kassler), reifer und gelagerter Käse (z. B. Emmentaler, alter Gouda).

Die Symptome einer HIT

Zeitpunkt und Ausprägung der Beschwerden einer Histaminintoleranz (HIT) können stark variieren und belasten Betroffene oft stundenlang.

Eine klare Struktur gibt es nicht

Die Beschwerden können wenige Minuten nach der Nahrungsaufnahme auftreten oder auch erst bis zu 24 Stunden später. Häufig beobachten Histaminintolerante nach dem Verzehr eines unverträglichen Lebensmittels zu unterschiedlichen Zeiten verschiedene Symptome.

So kann z. B. eine Tomatensauce fünf Minuten nach dem Essen ein Völlegefühl mit Aufstoßen auslösen, nach vier weiteren Stunden Blähungen hervorrufen, um dann am nächsten Tag bei gleichzeitigen Kopfschmerzen einen Durchfall zu verursachen. Ob ein Lebensmittel gut verträglich ist, lässt sich also frühestens etwa einen Tag nach der Nahrungsaufnahme sagen!

Fast immer grummelt der Bauch

Kaum ein Histaminintoleranter beobachtet alle rechts aufgeführten Beschwerden. Je mehr Symptome bei Ihnen allerdings vorliegen, desto wahrscheinlicher ist es, dass Sie von einer Histaminintoleranz betroffen sind. Magen-Darm-Beschwerden werden dabei mit am häufigsten beschrieben. Wenn Sie unter einem oder mehreren Symptomen leiden und anderweitige Ursachen abgeklärt und ausgeschlossen sind, kann Ihnen die Durchführung einer Karenzphase (s. S. 20 f.) einen weiteren Hinweis geben, ob Sie von einer Histaminintoleranz betroffen sind.

Symptome ohne erkennbare Krankheit

Viele Betroffene haben einen langen Leidensweg hinter sich. Zahlreiche Arztbesuche führten nicht zur richtigen Diagnose und somit auch nicht zur notwendigen Ernährungsumstellung. Der Kardiologe kann sich die Herzrhythmusstörungen nicht erklären, der Hautarzt findet keine Ursache für das Hautjucken, der Gastroenterologe erkennt keinen Grund für die lästigen Magen-Darm-Beschwerden und der Internist weiß nicht, wo der Schwindel herrührt.

Holen Sie sich Unterstützung

Erst die Kombination der Symptome und der Ausschluss anderer Erkrankungen können zum Verdacht führen, dass bei Ihnen eine Histaminintoleranz vorliegt. Erfahrene Ernährungstherapeuten können hierbei hilfreich sein. Haben Sie bereits eine solche Ärzte-Odyssee ohne fundierte Diagnose hinter sich? Dann wenden Sie sich an allergologisch geschulte Ernährungstherapeutinnen und -therapeuten unter www.daab.de und www.ak-dida.de.

SYMPTOME
Hautirritationen, Juckreiz, Nesselsucht (Urtikaria), Ekzeme, Flush (Rötungen, häufig im Gesicht)
häufiges Niesen und rinnende oder verschlossene Nase
Kopfschmerzen, häufig beginnend mit einem Gefühl von verspanntem Nacken, Migräne, Schwindelgefühl, Benommenheit, Müdigkeit
Herzrhythmusstörungen
gerötete Augen, Augenjucken
Atembeschwerden
chronisch niedriger Blutdruck oder starke Blutdruckschwankungen
Magenschmerzen, Völlegefühl, Übelkeit, Aufstoßen
starke Menstruationsbeschwerden
Bauchschmerzen, Darmkrämpfe, Blähungen, Durchfall, (selten) Verstopfung

Diagnose: nicht einfach

Eine Histaminintoleranz bleibt oft lange unerkannt, da es keine diagnostischen Mittel gibt, die diese Unverträglichkeit zuverlässig nachweisen.

Bei einer Histaminintoleranz handelt es sich nicht um eine Allergie. Daher sind die gängigen Allergietests (Hauttest oder Bluttest) in diesem Fall nicht zielführend.

Stellen Sie die Diagnose infrage

Leider gibt es bis heute kein geeignetes und sicheres Diagnoseverfahren, um eine Histaminintoleranz zuverlässig zu diagnostizieren oder auch auszuschließen. Zahlreiche Angebote von Ärzten oder Heilpraktikern, die in der Regel von der Krankenkasse nicht bezahlt werden, können, wenn überhaupt, nur einen Hinweis auf diese Unverträglichkeit geben, jedoch keinen sicheren Nachweis liefern. Falls Sie also – von wem auch immer – nach einer Untersuchung die Diagnose Histaminintoleranz bekommen haben, sollten Sie diese in jedem Fall infrage stellen. Überprüfen Sie die Diagnose durch eine zweiwöchige Karenzphase (s. S. 20 f.) sowie eine anschließende Wiedereinführung der entsprechenden Lebensmittel (Testphase) – wobei Sie jeweils die Bauchregeln (s. ab S. 32) einhalten sollten. Erst wenn Sie sicher und deutlich von einer histaminarmen Ernährung profitieren und ein wiederholter Verzehr von histaminhaltiger Kost zu Beschwerden führt, kann sicher von dem Vorliegen einer Histaminintoleranz ausgegangen werden. Falls sich der anfängliche HIT-Verdacht auf diese Weise nicht bestätigt, sollte auf jeden Fall von einer unnötigen Kosteinschränkung abgesehen werden. Eine histaminarme Kost ist keineswegs grundsätzlich gesünder.

Hindernisse für die Diagnose

Eine genaue Diagnostik ist immer dann besonders schwierig, wenn Sie noch unter weiteren Unverträglichkeiten leiden. Eine Pollenallergie (Heuschnupfen) kann ebenfalls zu Niesanfällen oder gereizten Augen führen. Eine Weizenallergie bereitet nicht selten Hautjucken und eine Laktoseintoleranz führt immer zu Bauchbeschwerden. Diese und weitere Unverträglichkeiten können ebenfalls für Ihre Beschwerden verantwortlich sein.

Lassen Sie sich unbedingt durch einen erfahrenen Arzt oder Ernährungstherapeuten bei der Suche nach den »Übeltätern« begleiten. Ernährungstherapeutinnen mit Erfahrung im allergologischen Bereich finden Sie auf der Webseite des Arbeitskreises Diätetik in der Allergologie (www.ak-dida.de) und des Deutschen Allergie- und Asthmabunds e. V. (www.daab.de).

Ernährungs-Symptom-Protokoll für: Mia Muster

UHRZEIT	MENGE	LEBENSMITTEL/ GETRÄNK	BESCHWERDEN/ STUHLGANG
7:00	1 Tasse	Kaffee mit Milch	
	1	Brötchen mit Butter und Käse	7:30 Stuhlgang (normal)
10:00	1 Glas	Orangensaft	11:00 Bauchgeräusche, leichte Blähungen
12:30	1	Lasagne, Quarkspeise	13:00 Völlegefühl 14:00 laufende Nase
15:00	1	Banane	16:00 Kopfschmerzen, Müdigkeit
18:30	2 Scheiben	Vollkornbrot mit Butter und gekochtem Schinken	
	1 Stück	Paprika	20:00 Blähungen, Durchfall
21:00	ca. 25	Salzstangen	
	1 Flasche	Bier	

Gut zu wissen

Leider kann keine Diagnostik, die bei einer Ärztin oder einem Heilpraktiker durchgeführt wird, einen zuverlässigen Nachweis des Vorliegens einer HIT erbringen. Anders ein Ernährungs-Symptom-Protokoll – das kann zu Beginn der Ernährungsumstellung sehr hilfreich sein. Es ist in der Ernährungstherapie ein unumgängliches Mittel, um den möglichen Zusammenhang zwischen der Nahrungsauswahl und den Beschwerden zu verdeutlichen. Neben den Lebensmitteln und Getränken sollten dabei auch Medikamente oder Nahrungsergänzungsmittel notiert werden. Einen Blanko-Vordruck und ein ausgefülltes Musterbeispiel für ein Protokoll finden Sie im Internet: www.annekamp.de. Führen Sie das Protokoll nie länger als erforderlich, damit Sie weiterhin einen entspannten Umgang mit dem Essen behalten und die Dokumentation nicht zu einer Belastung wird. Bei Durchsicht des Protokolls sollte die erste Frage sein: Sind alle Bauchregeln (s. ab S. 32) eingehalten? Ohne eine darmfreundliche Kost kann nicht erwartet werden, dass der Bauch planmäßig arbeitet.

Relevante Lebensmittel

Orientieren Sie sich in Karenz-, Testphase und Langzeiternährung an der Tabelle in der hinteren Klappe. Hier finden Sie ergänzende Infos.

Getränke

Alkoholische Getränke, allen voran Rotwein und Sekt, aber auch Bier und Weißwein bereiten nahezu immer Beschwerden. Unter den alkoholischen Getränken sind Spirituosen wie Korn, Grappa, Wodka, Whisky, Eierlikör und Baileys am ehesten verträglich.

Gemüse

Gemüse enthält einen hohen Anteil an löslichen Ballaststoffen, die für unsere guten Darmbakterien wichtig sind. Versuchen Sie möglichst mehrmals am Tag eine Portion Gemüse zu verzehren – insgesamt sollten Sie auf 400–500 g pro Tag kommen. Das ist nicht wenig – auf S. 33 finden Sie Tipps, wie man das Ziel erreichen kann. Bei blähendem Gemüse ist die Mindestmenge an Protein (mind. 20 g) dazu besonders wichtig, um die Gasbildung im Darm zu reduzieren.

Obst

Falls Sie nach dem Verzehr von normalerweise verträglichen Früchten den Verdacht haben, zeitverzögert mit einem unruhigen Bauch zu reagieren, kann eine Fruktose- oder Sorbitunverträglichkeit vorliegen. Grundsätzlich ist Obst verträglicher, wenn es in Kombination mit Fett oder Eiweiß verzehrt wird – beispielsweise mit Mandeln, Sahnejoghurt oder Käsewürfeln.

Kartoffeln, Reis und Nudeln

Kartoffeln, Reis und Nudeln sind immer problemlos verträglich. Vorsicht ist jedoch bei Fertig- oder Halbfertigprodukten aus dieser Gruppe geboten. Kartoffelgerichte enthalten oft Geschmacksverstärker, die Beschwerden verursachen können. Grundsätzlich gilt, sich nicht an kohlenhydratreichen Lebensmitteln satt zu essen. Denn sie beschleunigen die Transitzeit im Verdauungstrakt, was Bauchbeschwerden begünstigen kann. Orientieren Sie sich hierzu am Tellermodell in der vorderen Umschlagsklappe.

Brot und Getreideprodukte

Grundsätzlich sind Weizen- und Dinkelbrot sowie Nudeln gut verträglich. In der Praxis zeigt sich allerdings, dass eine große Anzahl von Menschen deutlich zu viel und zu häufig Weizen oder Dinkel zu sich nimmt. Das stört die Verdauung und ist nicht selten die Ursache für unruhige Bäuche und Intoleranzen. Grobe Brote wie Schrotbrote oder Pumpernickel sowie Roggensauerteigbrote führen hin und wieder zu Beschwerden. Lesen Sie hierzu mehr auf S. 25, zum Thema Gluten finden Sie Informationen auf S. 39.

Hefe

Bäckerhefe enthält keine nennenswerten Mengen an Histamin. Die Praxis zeigt, dass hefehaltige Brote überwiegend sehr gut verträglich sind, wenn diese nicht zu frisch gegessen werden. Hefetabletten, -flocken sowie Hefeextrakt können jedoch hin und wieder Beschwerden hervorrufen.

Fleisch

Muskelfleisch ist von Natur aus arm an biogenen Aminen. Es enthält jedoch größere Mengen der Aminosäure Histidin, welche sich mit zunehmender Lagerung, Haltbarmachung und Erwärmung in Histamin umwandelt. Verwenden Sie daher stets sehr frisches und kurz gegartes Fleisch! Mariniertes Fleisch wie Grillfleisch, Gyros oder Dönerfleisch sowie lang gegarte (z. B. Gulasch, Braten, Rouladen) und aufgewärmte Fleischgerichte werden nicht immer gut vertragen. Daher gilt vor allem in der ersten Diätphase (Karenzphase): Verwenden Sie bitte ausschließlich frisch zubereitete Fleischgerichte, die maximal 20 Minuten erhitzt oder warm gehalten wurden.

Wurstwaren

Je frischer, desto besser. Salami, Teewurst, Mettwurst und Cervelatwurst, roher Schinken, geräucherter Speck, Rauchfleisch und Lachsschinken sind nicht oder nur in sehr geringen Mengen geeignet. Bevorzugen Sie, vor allem zu Beginn der Ernährungsumstellung, Frischwurstaufschnitt wie gekochten Schinken, Mortadella, Aspikaufschnitt, Bierschinken oder Putenbrust, die ohne Geschmacksverstärker hergestellt wurden.

Fisch

Schneller als in anderen Lebensmitteln bilden sich in Fisch große Mengen Histamin. Hier ist es noch wichtiger als beim Fleisch, dass der Fisch sehr frisch ist. In der ersten Phase der Ernährungsumstellung, sprich in der Karenzphase, sollten Sie möglichst nur wirklich fangfrischen Fisch oder Tiefkühlware verwenden. Den tiefgekühlten Fisch bitte direkt zubereiten und nicht vorher auftauen lassen. Konservierter Fisch ist nie verträglich und sollte auf jeden Fall gemieden werden. Für Meeresfrüchte wie Garnelen, Muscheln oder Krebsfleisch gilt das Gleiche.

Eier

Eier sind in jeglicher Form problemlos verträglich. Hart gekochte Eier sind für einen schwachen Magen schwer verdaulich.

Fett und Öl

Bei der Verwendung von Speiseölen und -fetten gibt es keine Einschränkung, da alle sehr gut verträglich sind. Der Fettgehalt in Speisen führt anders als häufig angenommen nur selten zu Bauchbeschwerden. Falls Sie hier nachhaltig den Verdacht haben, Fett nicht gut zu verdauen, lassen Sie dieses bei Ihrem Arzt oder Ihrer Ärztin abklären.

Süßigkeiten und Knabbereien

Bei den Süßwaren gibt es zum Bedauern vieler Betroffener wenige, aber dafür sehr wichtige Einschränkungen. Schokolade wie auch alle anderen Süßwaren, die mit der Kakaobohne hergestellt werden, sind leider sehr schlecht verträglich.
Zartbitterschokolade ist besonders kakaohaltig und damit sehr schlecht verträglich, während mäßige Mengen weiße Schokolade fast nie zu Symptomen führen. Ebenso führt Lakritz bei vielen Betroffenen zu Unverträglichkeitsreaktionen. Popcorn, geröstete Mandeln und Kartoffelchips ohne Geschmacksverstärker und Hefeextrakt (z. B. gesalzene Chips) können beschwerdefrei geknabbert werden, Erdnüsse, Walnüsse und Haselnüsse leider nicht.
Sie möchten Ihren Süßigkeitenverzehr einschränken? Gute Idee, da zu viele Kohlenhydrate eine schnelle Transitzeit im Verdauungstrakt zur Folge haben und damit jede Art von Intoleranzreaktion verstärken. Das gelingt viel leichter, wenn die tägliche Proteinmenge bedarfsgerecht ist (s. S. 34), weil Protein die Verdauung entschleunigt.

Fertig- und Halbfertiggerichte

Viele Fertig- und Halbfertigprodukte sowie Gewürzmischungen für »Tütengerichte« enthalten Geschmacksverstärker (s. S. 18 f.), die bei fast allen Histaminintoleranten zu Beschwerden führen. Vereinzelte Hersteller verzichten seit einiger Zeit auf den Einsatz dieser Zusatzstoffe, die den Eigengeschmack der Gerichte unterstützen sollen. Leider wird alternativ oft Hefeextrakt verarbeitet, den auch nicht alle vertragen.

Kräuter, Gewürze und Essig

Alle Kräuter und Einzelgewürze sind beschwerdefrei einsetzbar. Gewürzmischungen enthalten jedoch häufig Geschmacksverstärker, sodass hier besondere Vorsicht geboten ist. Auch Essig ist abhängig von der Menge nicht für jeden gut geeignet. Gewürzmischungen sind häufig auch in marinierten Fleischgerichten oder Grillfleisch, die daher nicht immer gut verträglich sind. Ein guter Essigersatz ist Cranberry- oder Acerolakirschsaft (100 % Saft ohne Zucker), der in Bioläden oder Reformhäusern erhältlich ist.

Milchprodukte

Wenn nicht gleichzeitig eine Laktoseintoleranz vorliegt, werden Milchprodukte mit Ausnahme reifer Käsesorten häufig als gut verträglich eingestuft. Bei Menschen mit ausgeprägter HIT können jedoch hin und wieder Joghurt, Quark und manchmal auch frische Milch und Milcheis schlecht verträglich sein. Viele Betroffene beobachten schon bald nach dem Verzehr dieser molkehaltigen Milchprodukte ein Völlegefühl und später einen unruhigen Bauch. Sollten Sie davon betroffen sein, versuchen Sie, Ihren Proteinbedarf mit jungem Käse (Butterkäse, junger Gouda, Mozzarella) und den Kalziumbedarf mit gutem Mineralwasser zu decken. Warum die molkehaltigen Milchprodukte, die kaum biogene Amine enthalten, oft schon im Magen zu Reaktionen führen, ist unklar. Eine Laktoseintoleranz ist dabei nicht die Ursache – laktosearme Milchprodukte sind auch nicht besser verträglich.

Milchprodukte: nicht bei allen gut verträglich

Sehr gut verträglich:
Butterkäse, junger Gouda, Mozzarella, gerne auch jeweils mit Kräutern oder Kümmel oder anderen geschmacksgebenden Zusätzen, Butter, Sahne, Frischkäse, körniger Frischkäse (Hüttenkäse), Abtropfjoghurt (s. S. 79)

In Mengen bis 100 g in der Regel gut verträglich:
Saure Sahne, Sahnejoghurt, griech. Joghurt (10 % Fett), Sahnequark, Milch (mind. 3,5 % Fett) bis zu einer Menge von 50 ml (in Kartoffelpüree, Pfannkuchen, Kuchen etc.)

Nicht immer gut verträglich:
Magerquark, Joghurt mit 1,5 % Fett oder weniger, Milch mit 1,5 % Fett oder weniger, Pudding, Milcheis

Tipp: Bereiten Sie Süßspeisen wie beispielsweise Pudding statt ausschließlich mit Milch mit folgender Mischung zu: ⅓ Milch, ⅓ Wasser, ⅓ Sahne. Alternativ können Sie gerne auch Hafer-, Reis- oder Mandeldrink verwenden.

Pseudoallergien & Zusatzstoffe

Auch die körpereigene Freisetzung von Histamin aus den Mastzellen bereitet vielen histaminintoleranten Menschen zusätzliche Beschwerden.

Pseudoallergische Reaktionen

Häufig leiden Histaminintolerante gleichzeitig unter pseudoallergischen Reaktionen. Pseudoallergien sind Unverträglichkeiten, die wie eine »echte« Allergie mit einer körpereigenen Histaminausschüttung über die Mastzellen verbunden sind. Allerdings können hierbei keine Antikörper im Blut nachgewiesen werden. Genauso wenig lassen sich Pseudoallergien über Hauttests diagnostizieren. Histaminintolerante sollten daher vorsorglich die in der Tabelle rechts aufgeführten Zusatzstoffe meiden.

Bedeutung der Zusatzstoffe

Pseudoallergien können mengenabhängig auch von Zusatzstoffen ausgelöst werden. Zur Info: Die auf der rechten Seite aufgeführten Zusatzstoffe, die am häufigsten zu Reaktionen führen, müssen auf der Packung angegeben werden. Genauso müssen sie in der Speisekarte aufgeführt sein. Bei loser Ware wie zum Beispiel beim Bäcker muss eine entsprechende Info etwa in einem Infoordner zur Verfügung stehen.

Stolperstein Geschmacksverstärker

Eine Pseudoallergie auf Geschmacksverstärker findet sich am häufigsten. Da diese noch immer in vielen Produkten vorkommen, ist der konsequente Verzicht schwierig. Alternativ haben einige Hersteller Glutamat durch Hefeextrakt ersetzt, er besteht nur zu 10–20 % aus Glutamat und ist in der Regel nur etwas besser verträglich. Hefeextrakt zählt nicht zu den Zusatzstoffen und hat somit auch keine E-Nummer. Er muss aber in der Zutatenliste als Zutat aufgeführt sein.

Starkes Aroma – starke Beschwerden

Geschmacksverstärker werden unabhängig von einer möglichen Unverträglichkeit von vielen gemieden. Immer wieder diskutiert man, ob und in welchen Mengen sie neben dem gewünschten salzähnlichen Geschmack (umami) auch unerwünschte Wirkungen im Körper haben. Am häufigsten kommt Mononatriumglutamat (E 621) zum Einsatz.
Das in Japan 1908 entdeckte Glutamat wird in den Küchen Südostasiens in sehr großen Mengen verarbeitet und findet sich hierzulande in vielen asiatischen Gerichten. Aber auch in der deutschen Küche kommt es auf den Teller, was das Außer-Haus-Essen für Histaminintolerante schwierig macht. Geschmacksverstärker verursachen bei vielen Betroffenen spontanen und kaum zu haltenden Durchfall. Das fällt nicht selten nach Restaurantbesuchen auf.

Diese Zusatzstoffe sollten Sie meiden

Zusatzstoff	Vertreter	Beispielhafte Lebensmittel
Geschmacksverstärker	**E 620 – E 625** Glutamat, Hefeextrakt	Gewürzmischungen, »Tütengerichte«, Gemüsebrühen, Knabbereien (z. B. Chips und Flips), mariniertes Fleisch (z. B. Grillfleisch, Döner), Mett, Wurstwaren
Konservierungsstoffe	**E 200 – E 203** Sorbinsäure und Sorbate **E 210 – E 213** Benzoesäure und Benzoate **E 220 – E 228** Schwefeldioxid und Sulfite **E 249 – E 252** Nitrite und Nitrate (verträglich)	Halbfettmargarine, Flüssigsüßstoff, Fleisch, Fisch, Krabben, Meerestierersatzprodukte, Feinkostsaucen, Konfitüre, Garnelen, Oliven, getrocknete Kartoffelerzeugnisse (z. B. Klöße), Fertigprodukte, Trockenobst, Wein Nitrite und Nitrate finden sich in nahezu jeder Wurstware und in vielen Aufschnittsorten. Da sie keine Unverträglichkeitsreaktionen hervorrufen, kann hier entspannt genossen werden.
Farbstoffe	**E 102** Tartrazin; **E 104** Chinolingelb; **E 110** Gelborange S; **E 122** Azorubin; **E 124** Cochenillerot; **E 129** Allurarot AC; **E 120** echtes Karmin; **E 123** Amarant; **E 127** Erythrosin; **E 131** Patentblau; **E 132** Indigo-Karmin; **E 133** Brillantblau FCF; **E 141** Cu-Chlorophyll; **E 142** Grün S; **E 151** Brillantschwarz BN	Süßigkeiten, Medikamente, Limonaden, Cocktails, Kaugummi, Fruchtliköre
Süßstoffe	**E 951** Aspartam	Light-Getränke, zuckerfreie Milchprodukte (z. B. Light-Fruchtjoghurt), Süßstofftabletten, Flüssigsüßstoff
Antioxidanzien	**E 310 – E 312** Gallate; **E 320** Butylhydroxyanisol (BHA); **E 321** Butylhydroxytoluol (BHT)	Kuchenmischungen, Tütensuppen, Kaugummi, Knabbererzeugnisse aus Getreide

Die Ernährungstherapie

Die erste Phase ist mit den größten Einschränkungen verbunden, führt aber oft schon nach wenigen Tagen zu einer spürbaren Verbesserung.

Die Karenzphase

In der ersten Phase der Ernährungsumstellung, der sogenannten Karenzphase, sollten Sie auf alle Nahrungsmittel und Getränke verzichten, die einen nennenswerten Anteil an biogenen Aminen aufweisen. Bitte verzehren Sie in dieser Zeit ausschließlich Lebensmittel aus der ersten Spalte des Drei-Stufen-Plans (s. Klappe hinten). Ziel dieser zwei- bis dreiwöchigen Phase ist, dass sich Ihre Beschwerden deutlich verringern oder sogar ganz ausbleiben.

Sorgen Sie für einen ruhigen Bauch

Beginnen Sie mit der Karenzphase zu einem möglichst günstigen Zeitpunkt, nicht im Urlaub oder bei mehrfachen Einladungen oder anstehenden Festen.
Beachten Sie von Anfang an, dass die Bauchregeln ab S. 32 ausreichend konsequent und gut umgesetzt werden. Vielleicht möchten Sie anfangs sogar nur die Bauchregeln beachten. Das ist für viele Betroffene – je nach bisherigem Essverhalten – schon eine nennenswerte Umstellung, die die Beschwerden lindern wird.
Das Gute dabei: Eine Ernährung gemäß den Bauchregeln garantiert auch für alle Nicht-Histaminintoleranten wie Familienmitglieder, Partner und Freunde automatisch eine gesunde Ernährung. Und sie entlastet ganz nebenbei den Verdauungstrakt und weitere Organe (z. B. Leber, Bauchspeicheldrüse, Herz-Kreislauf-System).

Protokolle helfen

Führen Sie ab der zweiten Woche bitte gewissenhaft ein Ernährungs-Symptom-Protokoll (s. S. 13). Das kostet nicht viel Zeit und ist auch nicht kompliziert, macht aber eventuelle Diätfehler leichter erkennbar. Auch ein Verdacht auf andere Unverträglichkeiten klärt sich schneller.
Das Einkaufen wird anfangs vermutlich etwas länger dauern, da Sie die Zutatenlisten genauer ins Visier nehmen sollten. Schon beim zweiten oder dritten Einkauf werden Sie merken, welche Alternativen für Sie im Angebot sind und was Ihnen davon gut schmeckt. Vielen Betroffenen ist es eine Hilfe, eine Positivliste aller verträglichen Gerichte aufzustellen, damit sie nicht jeden Tag neu überlegen und entscheiden müssen, was zubereitet werden kann. Ein Blick auf die Liste genügt und erleichtert ihre Planung ungemein. Erst wenn sich bei Ihnen für einige Tage deutlich weniger oder keine Beschwerden mehr zeigen, ist für Sie der Zeitpunkt da, in die zweite Phase, die Testphase, überzugehen.

Drei-Stufen-Plan

Phase 1
Karenzphase

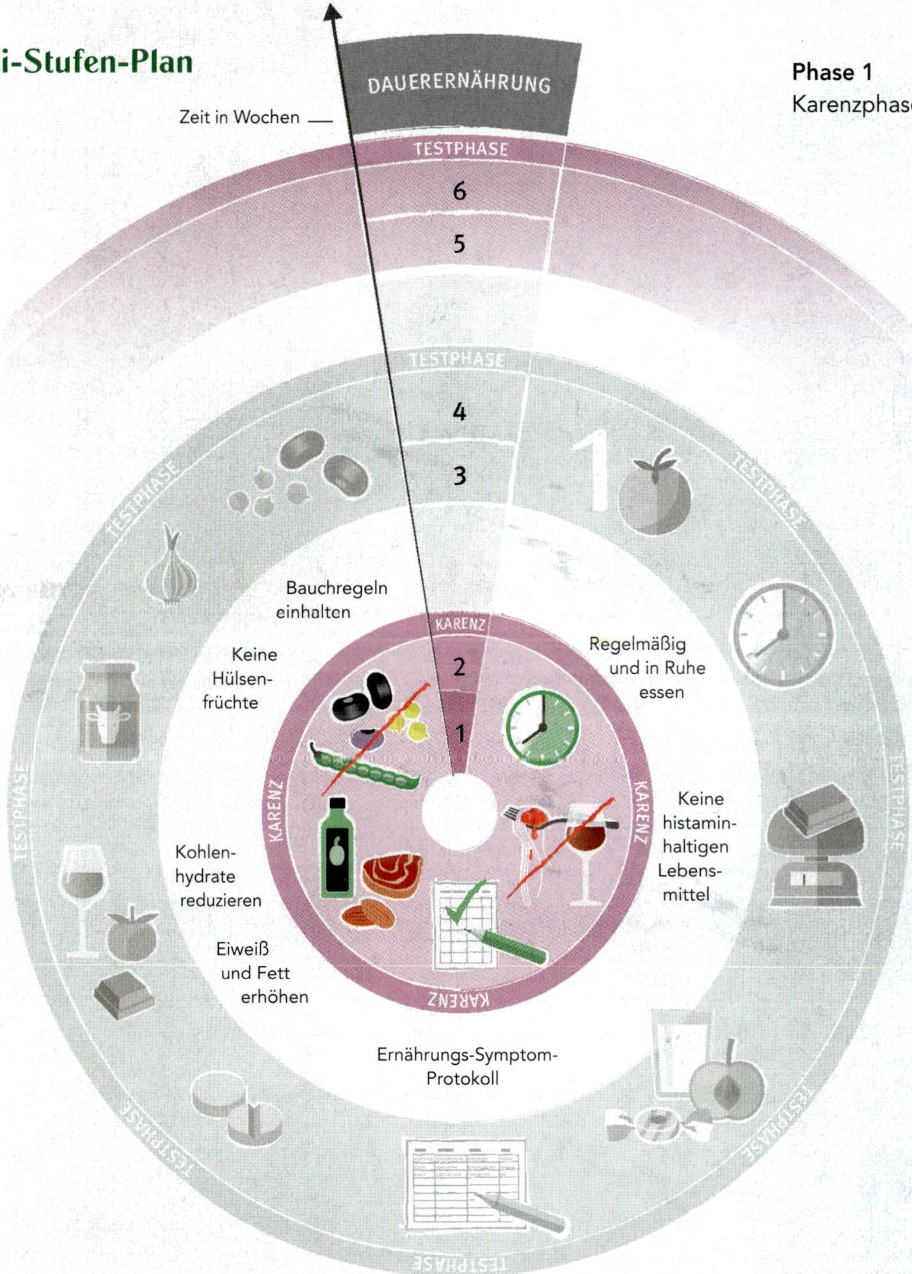

So geht es weiter

Jetzt wird es spannend. Welche Lebensmittel vielleicht doch noch in kleinen Mengen verträglich sind, wird sich nun in dieser Phase zeigen.

Die Testphase

Ab sofort kann getestet werden! Kaum einer muss eine streng histaminarme Ernährung, wie sie in der Karenzphase sinnvoll ist, langfristig umsetzen, um beschwerdefrei zu bleiben. In der zweiten Phase der Ernährungsumstellung, der sogenannten Testphase, werden nun Lebensmittel auf ihre Verträglichkeit hin probiert.

Die Verträglichkeit nimmt zu, ...

Viele Betroffene können Nahrungsmittel der mittleren Spalte in geringen Mengen vertragen, wenn alle Bauchregeln weiterhin gut umgesetzt werden. Die in der dritten Spalte aufgeführten Speisen und Getränke sind bei einer Histaminintoleranz nicht oder nur in äußerst geringen Mengen verträglich. Die Testphase ist deshalb so wichtig, damit Sie langfristig nicht auf mehr Lebensmittel verzichten, als unbedingt notwendig ist.

... ist aber individuell verschieden

Die Verträglichkeit ist von Mensch zu Mensch sehr unterschiedlich. Der eine bekommt von 20 g Schokolade eine rinnende Nase und der andere hat erst bei 40 g mit Symptomen zu kämpfen, und zwar mit Kopfweh und Müdigkeit. Darum gibt es keine pauschalen Empfehlungen, sondern für jeden ist das Ausprobieren unumgänglich. Pro Tag sollte nicht mehr als ein Nahrungsmittel auf seine Verträglichkeit hin getestet werden. Warten Sie nach jedem »Test« etwa 24 Stunden ab, um die Verträglichkeit wirklich bewerten zu können.

Ein Beschwerdebarometer hilft

Vielleicht ist es Ihnen eine Hilfe, das Ergebnis in ein sogenanntes Beschwerdebarometer einzutragen. Hier wird die Verträglichkeit der getesteten Lebensmittel notiert, sodass Sie sich die Ergebnisse nicht alle merken müssen. Die Verträglichkeit verschlechtert sich unter gewissen Gegebenheiten (s. S. 30 f.). Tests, die zu diesen Zeiten durchgeführt werden, sollten am besten gekennzeichnet oder mit einem anders farbigen Stift notiert werden. Durch das Dokumentieren wird es Ihnen leichter fallen, sich die Verträglichkeit zu merken. Einen Vordruck für ein Beschwerdebarometer finden Sie unter www.annekamp.de.

Behalten Sie die Summe im Blick

Verträgliche Lebensmittel und Getränke können nun vorsichtig wieder in den Tagesablauf eingebaut werden. Bitte beachten Sie: Auch viele kleine Histaminquellen, die einzeln gut verträglich sind, können gemein-

Drei-Stufen-Plan

Phase 2
Testphase

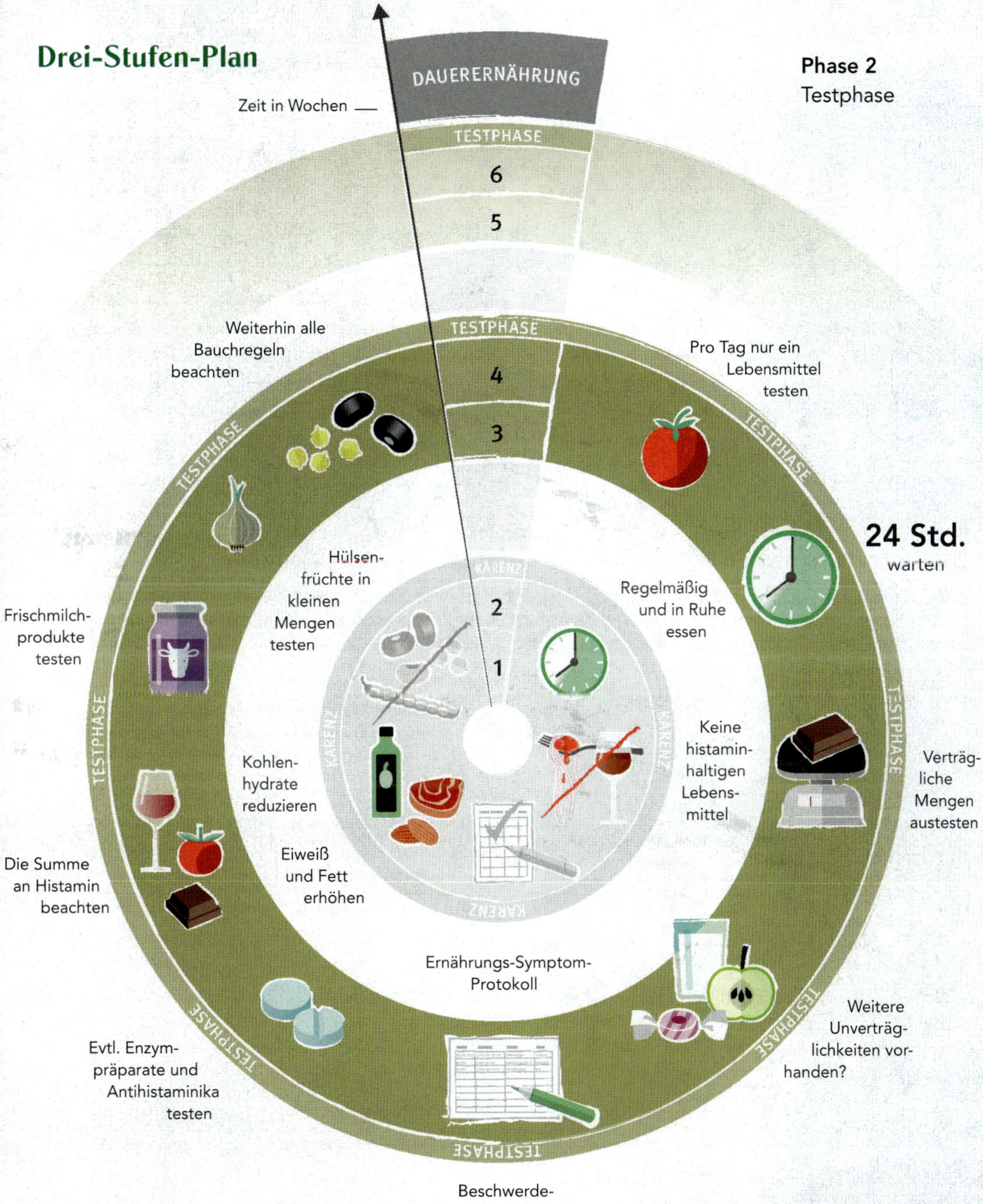

sam gegessen zu Beschwerden führen, da sich der Anteil an unverträglichen Stoffen summiert. Viele Betroffene machen in dieser Phase die Erfahrung, dass die Beschwerden langsam wieder zunehmen. In diesem Fall wurde zu großzügig getestet. Drei bis vier Tage Karenzphase schenken Ihnen wieder die gewünschte Beschwerdefreiheit.

So wenig wie nötig, so viel wie möglich

Letzten Endes sollte nur so eingeschränkt gegessen werden, wie Sie mit den ansonsten entstehenden (leichten) Beschwerden leben möchten. Langfristige Störungen oder gar Folgeerkrankungen aufgrund der Histaminintoleranz sind nicht bekannt. Sie sehen also, es handelt sich hierbei um eine lästige, aber im Alltag wirklich gut händelbare Unverträglichkeit.

Enzyme und Antihistaminika

In der Testphase kann auch der Einsatz eines Enzympräparates und von Antihistaminika (s. S. 28) vor ansonsten nicht verträglichen Speisen getestet werden. Die Testphase erstreckt sich über vier bis sechs Wochen und geht fließend in die Langzeiternährung über. Auch wenn Sie unter Blähungen gelitten haben, verzichten Sie nicht auf Kohlgemüse und Zwiebelgewächse, da diese für eine ausreichende Gemüsezufuhr und damit fürs Darmmikrobiom hilfreich sind. Mit ausreichend Protein und Fett vertragen Sie sie von Tag zu Tag besser.

Langzeiternährung

Nach der Zeit des Ausprobierens haben Sie sich sicher schon ein wenig an die neue Kostform gewöhnt und leckere Alternativen zu nicht verträglichen Gerichten gefunden.

Eine Heilung gibt es nicht

Langfristig sollten Sie nur auf Nahrungsmittel verzichten, die auch spürbar zu Beschwerden führen. Es darf gegessen werden, was von Ihnen gut vertragen wird! Zum heutigen Zeitpunkt ist über die Möglichkeit einer vollständigen Rückbildung einer Histaminintoleranz leider nichts bekannt. Die langfristige Einhaltung der Bauchregeln führt jedoch zu einer besseren Verträglichkeit von Lebensmitteln bei fast allen Intoleranzen, so auch bei der HIT.

HIT plus andere Intoleranzen

Falls Sie gleichzeitig auch unter weiteren Unverträglichkeiten wie beispielsweise Fruk-

Achtung, Kohlenhydrat-Falle!

Nicht selten greifen Betroffene vor allem in der Karenzphase vermehrt zu Brot, Brötchen und Nudeln. Da das Kantinenessen nicht gut verträglich ist, wird mittags ein Brötchen beim Bäcker gekauft. Die Familie wünscht sich ein Lieblingsgericht und da dieses für Sie nicht verträglich ist, gibt es einfach belegte Brote für Sie. Vielleicht sind Sie auch noch unerfahren und haben in der Küche wenig Zeit, um sich um mögliche Alternativgerichte zu kümmern, und kochen der Einfachheit halber Nudeln. Wie auch immer, für alle gilt: Ein sehr hoher Brot-, Brötchen- und Nudelverzehr führt bei vielen Menschen zu vermehrten oder nicht abklingenden Bauchbeschwerden. Dinkel ist für die meisten nicht besser verträglich als Weizen. Haferflocken, Kartoffeln, Reis und viel Gemüse sind in jedem Fall eine gute Alternative. Zudem führt ein hoher Kohlenhydratanteil (z. B. Backwaren und Nudeln) bei gleichzeitiger fett- und eiweißarmer Ernährung zu einer schnellen Transitzeit im Verdauungstrakt, die in der Regel auch unabhängig von einer Unverträglichkeit mit Bauchbeschwerden verbunden ist. Damit Sie nicht in diese »Falle« tappen, finden Sie im Rezeptteil ab S. 40 viele schnelle und einfache Gerichte, die sich auch wunderbar vorbereiten lassen.

tosemalabsorption, Laktoseintoleranz, Sorbitunverträglichkeit oder pollenassoziierten Nahrungsmittelallergien leiden, ist eine nährstoffgerechte Nahrung dennoch gut möglich. Lassen Sie sich in diesem Fall von einem erfahrenen Ernährungstherapeuten begleiten, damit sichergestellt wird, dass Sie nicht eingeschränkter essen als unbedingt nötig.

Gemüse statt Brot

Damit es im Bauch dauerhaft ruhig bleibt, ist eine gute Versorgung unserer Darmbakterien (Mikrobiom) von großer Bedeutung. Eine der wichtigsten Maßnahmen ist die regelmäßige Aufnahme löslicher Ballaststoffe, die wir täglich mehrfach durch Gemüse zuführen sollten. Auch wenn es anfangs ungewohnt oder aufwendig erscheint, Ihr Darm wird es Ihnen langfristig danken, wenn die dort ansässigen Bakterien, die einen wunderbaren Job für uns erledigen, gut behandelt werden.

Versuchen Sie also, möglichst mehrfach am Tag Gemüse in den Speiseplan einzubauen. Im Rezeptteil finden Sie hierzu zahlreiche Rezepte. Ein häufiger Nebeneffekt: Das Körpergewicht reduziert sich, da Gemüse nur einen geringen Kaloriengehalt hat. Falls das bei Ihnen nicht gewünscht ist, erhöhen Sie gerne die Fettzufuhr mit gesunden Pflanzenölen oder Mandeln.

Essen außer Haus

Kantine, Restaurant oder Einladung. Das können Sie alles unbeschwert genießen, wenn Sie auf die folgenden Punkte achten.

Es gibt ein paar einfache Tricks, mit denen Sie als HIT-Betroffener auch ein Essen genießen können, das Sie nicht selbst gekocht haben.

Fleischgerichte – eine besondere Herausforderung: Genießen Sie statt Geschnetzeltem, Hackfleischsaucen, Gulasch, Rouladen, Gyros oder Döner, die sehr histaminreich sind, lieber frisch für Sie zubereitete Fleischgerichte wie Steaks, Schnitzel und Medaillons. Achten Sie bitte besonders beim Hackfleisch, das wegen seiner großen Oberfläche dem Sauerstoff mehr Angriffsfläche bietet und rascher verdirbt als große Fleischstücke, auf Frische!

Gemüse – einzig die Auswahl ist entscheidend: Der Histamingehalt in Gemüsegerichten steigt nicht wie beim Fleisch mit zunehmender Lagerung oder erneutem Erhitzen. Daher sind aufgewärmte Gemüsegerichte in der Regel gut verträglich. Salate bestellen Sie sich am besten ohne Sauce und bitten um Essig, Öl, Pfeffer und Salz. So können Sie sich Ihre eigene essigarme oder -freie Sauce mischen.

Gewürzmischungen – ein schwieriges Unterfangen: In Gewürzmischungen, Instantbrühen sowie Würzsaucen sind in der Regel erhebliche Mengen an Geschmacksverstärkern enthalten. In guten Restaurants lässt sich dieser Stolperstein häufig gut erfragen. Bitten Sie den Koch, Ihre Speisen nur mit einzelnen Gewürzen zuzubereiten und auf Gewürzmischungen zu verzichten. In Kantinen und auf Speisekarten im Restaurant finden sich mittlerweile Hinweise, ob Geschmacksverstärker verarbeitet wurden.

Fisch und Meeresfrüchte – immer ein gewisses Risiko: Genießen Sie Fisch sicherheitshalber zu Hause, wo Sie sich beim Einkauf über die Herkunft und Frische mehr Informationen einholen können als außer Haus. Meeresfrüchte, wie Muscheln oder Garnelen, sollten stets gemieden werden.

Cocktails – bunt und exotisch: Verzichten Sie auf Cocktails mit Orangen-, Bananen-, Ananas-, Multivitamin- und Zitronensaft. Auch Kiwi, Erdbeeren und Papaya sollten möglichst nicht verarbeitet worden sein. Die kräftige Farbe mancher Cocktails ist nicht immer durch ihre natürlichen Bestandteile erklärbar. Falls Sie auch unter einer Pseudoallergie auf synthetische Azofarbstoffe leiden, kann es hier zu unerwünschten Überraschungen kommen.

Sie wollen auf einem Fest auch mal wieder unbeschwert genießen und keine »Extrawurst« fürs Essen ordern? Dann können Sie mit einem Enzympräparat und Medikamenten vorbeugen. Mehr dazu auf S. 28.

Stolperfallen außer Haus und Alternativen

Kleine Helfer in Sonderfällen

Wir leben im Schlaraffenland mit vielen Festen, Restaurantbesuchen und Einladungen – sich immer histaminarm zu ernähren, ist fast unmöglich.

Sie sind eingeladen oder möchten einfach mal nicht selbst kochen, sondern ins Restaurant gehen? Dann spricht nichts gegen eine gelegentliche Einnahme vorbeugender Enzympräparate oder Medikamente.

Option Nummer eins: Enzympräparate

Leider gibt es keine wissenschaftlichen Untersuchungen, die die Wirksamkeit der Enzympräparate belegen, die als Nahrungsergänzungsmittel in Apotheken oder im Onlinehandel für Histaminintolerante erhältlich sind. Erfahrungsberichte vieler Betroffener zeigen jedoch, dass unverträgliche Speisen durch die vorherige Einnahme von Diaminoxidase beschwerdefrei oder auf jeden Fall beschwerdeärmer genossen werden können.

Enzyme nach Bedarf dosieren

Je nachdem, ob Sie nur zwei frische Tomaten oder gleich eine Tomatensauce genießen möchten, können Sie ein bis zwei Enzymkapseln 10–15 Minuten vor einer Mahlzeit zu sich nehmen. Viele Betroffene profitieren von dieser Maßnahme und können so besondere Gelegenheiten ein bisschen besser genießen als zuvor.

Option Nummer zwei: Antihistaminika

Histaminintolerante können sich aber auch die Wirksamkeit sogenannter Antihistaminika zunutze machen. Diese sind in Apotheken erhältlich und helfen vor allem, pseudoallergische Reaktionen (Histaminliberatoren) zu lindern.

H1- oder H2-Antihistaminikum

Um Beschwerden im Magen (Sodbrennen, Aufstoßen, Übelkeit, Völlegefühl) zu verhindern, kann vor der Nahrungsaufnahme ein H2-Antihistaminikum (rezeptpflichtig) einge-

nommen werden. H1-Antihistaminika (rezeptfrei) verhindern, wenn sie mind. 60 Minuten vor der Nahrungsaufnahme geschluckt werden, Symptome wie Hautreaktionen, Fließschnupfen, Atemwegsbeschwerden, Bauchbeschwerden und Augenjucken. Vor einem großen Festessen kann es also ratsam sein, dass Sie 60 Minuten vor der Mahlzeit ein H1-Antihistaminikum und 10 Minuten vor der Mahlzeit ein H2-Antihistaminikum und zwei Enzymkapseln (DAOsin) zu sich nehmen. Diese auch von vielen Ärzten empfohlene Maßnahme führt erfahrungsgemäß zu einer deutlich geringeren Ausprägung der HIT-Symptome.

Ernährungsumstellung muss sein

Einige H1-Antihistaminika können zu Müdigkeit führen. Falls Sie diese Beobachtung machen, sprechen Sie Ihren Arzt auf Präparate der dritten Generation an, die in der Regel kaum noch müde machen. Eine regelmäßige Einnahme sollte immer mit Ihrem Arzt abgestimmt werden.
Die Einnahme von Enzymen und Antihistaminika hilft vielen Betroffenen in besonderen Situationen, sollte dauerhaft jedoch kein Ersatz für eine histaminarme Ernährung sein. Am besten werden Sie sich fühlen, wenn Ihnen eine histaminarme Ernährung gelingt.

Helfen auch Vitamin-Supplemente?

Die Supplementierung von B-Vitaminen (vor allem B12 und B6) kann sinnvoll sein, wenn hier ein Mangel eindeutig festgestellt worden ist. Vitamin C wird in diesem Zusammenhang ebenfalls häufig erwähnt und als zusätzliche Gabe empfohlen. Leider liegen momentan keine Belege für die Vermutung vor, dass die Einnahme von Vitamin C eine Linderung der Beschwerden mit sich bringt.

Gut vorbereitet in den Alltag starten

Ein Außer-Haus-Essen gestaltet sich für viele Histaminintolerante nicht leicht. Ein Essen in der Kantine oder ein Snack beim Bäcker in der Mittagspause sind nicht immer gut verträglich oder die Auswahl ist so eingeschränkt, dass Ihnen die Abwechslung fehlt. Darum ist es immer eine gute Option, mittags etwas Vorbereitetes mitzunehmen oder für den Abend einen kleinen TK-Vorrat parat zu haben, wenn Lust und Zeit zum Kochen fehlen. Im Rezeptteil finden Sie zahlreiche Gerichte, die Sie gut vorbereiten und für unterwegs mitnehmen können. Zudem lassen sich viele vegetarische Suppen und Hauptgerichte in doppelter Menge zubereiten, sodass Sie sie am Folgetag nur noch aufwärmen müssen. Vorsicht: Erneut aufgewärmtes Fleisch bitte auf die Verträglichkeit hin testen und eventuell am nächsten Tag kalt dazu genießen oder frisch zubereiten.

Besondere Lebenslagen

Unter bestimmten Gegebenheiten kann sich eine HIT verstärken. Welche dieser sogenannten Triggerfaktoren sollten Sie im Auge behalten?

Sonderstellung Frau

Die Verträglichkeit histaminreicher Speisen ist bei betroffenen Frauen eindeutig zyklusabhängig. Prämenstruell, also in den drei bis fünf Tagen vor Einsetzen der Menstruation sind deutlich ausgeprägtere Reaktionen auf »verdächtige« Lebensmittel zu beobachten. Hin und wieder reagieren Frauen sogar ausschließlich in diesem Zeitraum. Das bedeutet ganz praktisch, dass Sie als Frau in den Tagen vor der Periode deutlich vorsichtiger essen und trinken sollten, um beschwerdefrei zu werden und zu bleiben. Eine Zunahme der Beschwerden in den Tagen vor der Regel haben Sie möglicherweise selbst auch schon beobachtet. Also: Lieber eine kleine Portion Schokolade in den drei unkritischen Wochen als unmittelbar vor der Regel.
Es ist übrigens nicht selten, dass sich innerhalb einer Familie mehr als eine Frau findet, die unter einer Histaminintoleranz leidet. Diese muss sich nicht in gleicher Weise zeigen. Eine Histaminintoleranz kann mit einem sehr vielfältigen Symptombild verbunden sein. Viele Frauen spüren auch eine Symptomverschlechterung etwa ab dem 40. bis 45. Lebensjahr. Manche Frau bemerkt erst dann nennenswerte Beschwerden, sodass die HIT erst mit der neuen Hormonsituation klinisch relevant wird.

Besonderheit Schwangerschaft

Während der Schwangerschaft wird nach etwa zwölf Wochen von der Plazenta eine viel größere Menge des histaminabbauenden Enzyms (Diaminoxidase) produziert, wodurch der empfindliche Embryo geschützt wird. Histaminintolerante Frauen beobachten daher ab und zu einen deutlichen Beschwerderückgang in der Schwangerschaft. Leider nehmen die Beschwerden nach der Geburt wieder zu.

Post-Covid-Symptomatik

Einige Post-Covid-Patienten und -Patientinnen profitieren von einer histaminarmen Kost. Zu diesem Thema liegen noch nicht viele Daten vor. Man nimmt derzeit an, dass die Mastzellen seit der Infektion sensibel auf bestimmte Trigger (z. B. Nahrung, Stress, Entzündungen) reagieren, sodass versuchsweise eine histamineingeschränkte Kost (Karenzphase) probiert werden kann. Führt das nicht zu einer Verbesserung der Symptome, ist das Meiden entsprechender Lebensmittel in keiner Weise sinnvoll. In der Praxis zeigt sich hin und wieder auch eine Symptomverbesserung durch eine Reduktion von glutenhaltigem Getreide (Weizen, Dinkel, Roggen) auf ein Mal pro Tag.

Stress und Histaminintoleranz

Vielleicht haben Sie auch schon beobachtet, dass sich die Beschwerden unter Stress verstärken. So manch einer merkt im Urlaub, dass weniger Symptome auftreten, und nimmt an, dass Bauch- und Kopfweh im Wesentlichen stressbedingt sind. Das ist nicht falsch, aber häufig nur die halbe Wahrheit. Spätestens in der Testphase werden Sie merken, dass Sie nicht immer gleich auf verträgliche Lebensmittel reagieren und es bessere und schlechtere Tage gibt. Mastzellen sind deutlich instabiler, wenn wir gestresst sind. Daher öffnen sie sich deutlich schneller und schütten Histamin aus, was mit Symptomen verbunden ist. Besonders bei Menschen mit einer ausgeprägten Pseudoallergie oder einem sogenannten MCAS (Mast Cell Aktivierungs Syndrom) ist zu beobachten, dass Beschwerden unter Stress deutlich zunehmen.

Medikamentenunverträglichkeit

Auffällig ist, dass bei Histaminintoleranten hin und wieder eine Unverträglichkeit auf Medikamente beobachtet wird. Einige Wirkstoffe hemmen das Enzym Diaminoxidase (DAO), das für den Abbau biogener Amine nötig ist. Andere führen zu körpereigener Histaminfreisetzung durch die Mastzellen und lösen so Beschwerden aus.

Was gilt es zu beachten?

Bei den Wirkstoffen, die in diesem Zusammenhang als hin und wieder nicht verträglich beschrieben werden, handelt es sich bislang lediglich um »Verdächtige«. Bei den meisten Substanzen steht der endgültige Nachweis allerdings noch aus. Sprechen Sie sicherheitshalber mit jedem Ihrer Ärzte vor einer notwendigen Medikation. Auf keinen Fall sollten Medikamente eigenständig abgesetzt werden!

Wer sind die Hauptverdächtigen?

Zu den am wenigsten verträglichen Medikamenten zählen Analgetika (Schmerzmittel). Hier sind vor allem Reaktionen auf Metamizol (z. B. in Novalgin) oder Acetylsalicylsäure (z. B. Aspirin), Diclofenac oder Morphin zu beobachten. Ibuprofen ist für viele Menschen, die unter einer Histaminintoleranz leiden, eine verträglichere Alternative.
Auch bei Röntgenkontrastmitteln kommt es bei einigen Histaminintoleranten zu Beschwerden. Hustenlöser mit Codein und auch Schleimlöser mit Acetylcystein (ACC) oder Ambroxol sind nicht für alle Betroffenen gut verträglich. Hin und wieder kommt es auch bei der Einnahme von Antibiotika und Antidepressiva zu verstärkten Reaktionen.
Sprechen Sie bitte auch vor einer Operation den zuständigen Anästhesist oder die Anästhesistin auf Ihre Histaminintoleranz an.

Für alle Bauchpatienten

Auf den folgenden Seiten sind die sogenannten Bauchregeln erläutert. Sie sind der Kern Ihrer Therapie – nehmen Sie sich die Regeln zu Herzen!

Selten ist eine Unverträglichkeit die einzige Ursache für einen unruhigen Bauch. Damit der Darm gut arbeiten kann, sind die nötigen Voraussetzungen zu schaffen. Ohne diese Regeln bleibt es im Bauch unruhig, auch wenn Sie streng histaminarm essen.

Entscheidend: die Bauchregeln

Viele Betroffene erfahren eine Linderung der Symptome mit histaminarmer Kost, werden aber im Bauch nicht ganz beschwerdefrei. Das führt nicht selten zu einem immer umfangreicheren Verzicht auf immer mehr unverträgliche Lebensmittel. Die Lebensmittelauswahl und damit auch die Lebensqualität sinken, die Symptome lassen nicht nach. **Die wichtigste Frage ist nicht, was muss ich weglassen, damit es mir besser geht, sondern: Was muss ich essen, damit mein Darm die Chance hat, gute Arbeit zu verrichten.**

Viele Betroffene beobachten, dass sich unter Einhaltung der Bauchregeln vorhandene Unverträglichkeiten relativieren und Toleranzgrenzen deutlich nach oben verschieben. Vielleicht wird es Ihnen zu Beginn nicht immer leichtfallen, die Bauchregeln zusätzlich umzusetzen. Sie bilden aber die Basis für einen funktionierenden Verdauungsttrakt und sollten langfristig bei der Speiseplangestaltung immer mitberücksichtigt werden. Bleiben Sie am Ball und prüfen Sie immer mal wieder, ob alle notwendigen Voraussetzungen für einen funktionierenden Magen-Darm-Trakt gegeben sind!

Täglich mehrmals Gemüse

Die in Gemüse enthaltenen löslichen Ballaststoffe sind für ein gesundes Darmmikrobiom zwingend erforderlich. Jeder Mensch beherbergt 1,5–2 kg Darmbakterien, die sich von dem ernähren, was wir zu uns nehmen. Lösliche Ballaststoffe stehen an oberster Stelle auf dem Speiseplan der Darmbakterien und sollten daher mehrfach täglich aufgenommen werden. Essen Sie daher möglichst täglich 400–500 g Gemüse – auf mind. zwei Mahlzeiten verteilt, in gegarter oder roher Form (dann nur kleine Mengen). Das erscheint Ihnen viel und aufwendig? Im Kasten rechts finden Sie Tipps für die tägliche Umsetzung (die Mengen gelten dabei immer pro Person!).

Darmsanierung - pro und kontra

Viele Betroffene fragen sich, ob eine »Darmsanierung« mit der isolierten Einnahme von probiotischen Bakterien sinnvoll ist. Das

So schaffen Sie es, viel Gemüse zu essen

- Essen Sie 150 g rohe Möhren, Paprika oder Gurke als Zwischenmahlzeit, kombiniert mit 50 g Mandeln oder 30 g Käsewürfeln.
- Planen Sie 250 g warmes Gemüse pro Person in Auflauf, Pfannengemüse, Eintopf, Bowl oder Salat.
- Essen Sie 250 g gegartes Gemüse (gerne vom Vortag) mit 50 g Käse überbacken zur Brotmahlzeit am Abend.
- Knabbern Sie Rohkost mit Käsedip (s. S. 69) als Snack am Nachmittag.
- Bereiten Sie gleich die doppelte oder dreifache Menge zu, damit sie am Folgetag nur noch aufgewärmt werden muss. Auch TK-Gemüse kann hilfreich sein, da das Waschen und Putzen entfällt.
- Pürierte Gemüsesuppen lassen sich gut ebenso in größeren Mengen zubereiten und portionsweise tiefgefrieren.
- Ergänzen Sie Ihr Lieblingsgericht durch eine extra Portion Salat als Beilage.
- Erhöhen Sie den Gemüseanteil Ihrer Rezepte – so wird aus einem Nudelauflauf mit Brokkoli ein Brokkoliauflauf, in dem auch ein paar Nudeln enthalten sind.
- Im Rezeptteil ab S. 40 finden Sie viele Anregungen, sodass einer ausreichenden Gemüsezufuhr nichts im Wege steht.

kann nicht pauschal beantwortet werden und ist im Einzelfall zu klären. Sicher ist aber, dass eine regelmäßige Aufnahme von präbiotisch wirkenden löslichen Ballaststoffen einen entscheidenden Beitrag zur Darmgesundheit leisten kann, ohne die es langfristig in jedem Darm zu Störungen kommen würde. Eine täglich ausreichende Gemüsemenge und eine große Vielfalt im Speiseplan sind die wichtigsten Maßnahmen für ein gesundes, vielfältiges Darmmikrobiom. Obst sollte wegen des hohen Zuckergehalts nicht wie Gemüse bewertet werden – hiervon pro Tag max. 250 g essen. So wird der Darm erst gar nicht zum »Sanierungsfall«.

Protein ist hilfreich

Eine kohlenhydratreiche, aber fett- und proteinarme Ernährung führt zu einer relativ schnellen Transitzeit im Verdauungstrakt. Das heißt, der Speisebrei durchläuft den Magen-Darm-Trakt so schnell, dass viele Enzyme und Transportsysteme nicht ausreichend Zeit haben, ihre Arbeit zu verrichten. Die Folge: Es wird schlecht und nicht vollständig verdaut. Der unzureichend vorbereitete Speisebrei rutscht dann in den letzten Teil des Verdauungstrakts, den Dickdarm, wo die dort ansässigen Bakterien viel Gas produzieren und so für Unruhe sorgen. Oder vereinfacht gesagt: »Der Dickdarm

Eiweißgehalt ausgewählter Lebensmittel

Lebensmittel	Eiweißgehalt
60 g junger Gouda/Butterkäse	20 g
200 g körniger Frischkäse (Hüttenkäse)	25 g
200 g Frischkäse (Doppelrahmstufe)	11 g
125 g Mozzarella	20 g
150 g griech. Joghurt (10 % Fett)	10 g
150 g Quark (Fettstufe)	18 g
150 g Skyr	17 g
1 Ei (Größe M)	8 g
30 g gekochter Schinken/Putenbrust	7 g
250 g Kartoffeln, gegart	5 g
3 EL (30 g) Haferflocken	4 g
30 g Kürbiskerne	10 g
30 g (30 Stück) Mandeln	6 g
20 g Mandelmehl (teilentölt)	10 g
100 g Fleisch (Geflügel/Rind/Schwein)	20–25 g
100 g TK-Lachs, -Kabeljau, -Rotbarsch	20 g

Quelle: Diverse Packungsangaben

beklagt sich beim oberen Verdauungstrakt, dass dort so schlecht gearbeitet wurde. Der hätte es gerne besser gemacht – und kann es auch besser, hatte aber einfach keine Zeit, da der Speisebrei viel zu schnell vorbeirutschte.« Damit eine gute, vollständige Verdauung möglich wird, ist eine ausreichende Proteinzufuhr in jeder Mahlzeit nötig. Versuchen Sie in jede Hauptmahlzeit mind. 20 g Protein pro Person einzubauen, in die Zwischenmahlzeiten gerne ca. 10 g. Wie kann das gehen? In der Tabelle sehen Sie, welche Lebensmittel wie viel Protein enthalten. Auf vielen verpackten Lebensmitteln finden Sie Angaben über den Proteingehalt, die konkret informieren.

Gute Sättigung garantiert

Gut zu wissen: Eine proteinarme Ernährung macht in der Regel auch nicht ausreichend anhaltend satt. Schon nach ein bis zwei Stunden kommt es erneut zu einem Hungergefühl. Nicht selten werden dann Dinge gegessen, die wir eigentlich nicht mehr in so großen Mengen essen wollten – wie Kekse, Riegel oder belegte Brote. Und damit landet wieder eine zusätzliche Portion Kohlenhydrate im Verdauungstrakt, die – je nach Menge – zu Störungen führen kann. Zudem kann ein Muskelabbau vorprogrammiert sein, wenn die Proteinmenge nicht ausreichend ist. Da hilft dann auch kein Muskelaufbautraining, es fehlt schlicht das Baumaterial. Vielleicht wird Ihnen diese Regel anfangs schwerfallen, aber Sie werden bald merken, dass es Ihnen mit einer ausreichenden Proteinmenge schon nach wenigen Tagen besser geht.

Ideen für eine gute Proteinzufuhr

- Rohkost als Zwischenmahlzeit mit 50 g Mandeln oder 30 g Käsewürfeln oder 100 g Kräuterquark
- Warme Mahlzeit mit 100 g Fleisch oder 2 Eiern oder 1 Kugel Mozzarella
- Auflauf oder gedünstetes Gemüse mit 60 g Käse überbacken
- Haferporridge mit 60 g Mandeln oder Kürbiskernen
- Salat mit 1 Kugel Mozzarella und 10 g Kürbiskernen oder 200 g Quarkdip
- Gemüsepfanne mit körnigem Frischkäse
- Folienkartoffeln mit Kräuterquark oder Abtropfjoghurt (s. S. 79) mit Kräutern

Kritische Milchprodukte

Sie haben den Eindruck, dass Sie nicht alle Milchprodukte gut vertragen? Einige Betroffene spüren schon kurz (5–15 Min.) nach dem Genuss eines Cappuccinos, Joghurts oder Milcheises ein Völlegefühl im Magen (ggf. auch Sodbrennen und Aufstoßen) und haben danach zeitverzögert auch einen unruhigen Bauch. Was dabei genau der Auslöser sein kann, ist nicht bekannt – auffällig ist jedoch, dass molkearme Milchprodukte deutlich besser vertragen werden (s. Kasten S. 17). Klar ist: Laktose (= Milchzucker) ist nicht der Verursacher. Damit sind laktosearme Milchprodukte auch nicht besser verträglich.

Vegetarische und vegane Kost bei Histaminintoleranz

Eine ausreichende Versorgung mit Protein ist trotz des Verzichts auf Fleisch und Fisch problemlos möglich. Achten Sie jedoch bei jeder Mahlzeit darauf, dass ausreichend proteinreiche Milchprodukte, Eier oder Mandeln und Ölsaaten enthalten sind. Wer aufgrund seiner Histaminintoleranz auf tierische

Der perfekte Tag: genussvoll und beschwerdefrei

Frühstücksideen

- Hafer-Mandel-Porridge
- Crunchy-Müsli mit griechischem Joghurt
- Proteinbrot mit Frischkäse und Konfitüre
- Dinkelbrot mit Käse oder Ei und Gurkenscheiben
- Joghurt griechischer Art mit Obst und Haferflocken

Mittagessen

- Meal Prepping, Essen nach dem Tellermodell (s. vordere Umschlagsklappe)

Abendessen

- Essen nach dem Tellermodell (s. vordere Umschlagsklappe), z. B. Gemüsesuppe mit Eieinlage oder Brotmahlzeit mit Rohkost

Zwischenmahlzeiten

- Gemüsesticks mit Käsewürfel oder Dip
- Mandeln mit einer kleinen Portion Obst (max. 125 g)

Produkte vollständig verzichten will, läuft Gefahr, nicht ausreichend mit Nährstoffen versorgt zu sein. Denn hochwertige vegane Proteinquellen wie Hülsenfrüchte und Nüsse sind bei einer HIT nur eingeschränkt und nicht in den erforderlichen Mengen verträglich. Der dauerhafte Einsatz von Proteinpulver ist nicht zu empfehlen, da auch hier die Verträglichkeit fraglich ist. Vegane Fleischersatzprodukte sind meist hochverarbeitet und enthalten zudem häufig viele Zusatzstoffe. Dadurch werden sie zu Lebensmitteln, die mittelfristig den Darm belasten und Erkrankungen fördern.

Weitere Empfehlungen

Wenn Sie die beiden Hauptregeln in Ihrer täglichen Ernährung umsetzen können, ist bereits ein gutes Stück geschafft. Daneben gibt es noch weitere Punkte, die Sie idealerweise jeden Tag beachten. Sie finden alle Regeln aufgelistet für den schnellen Check auf der vorderen Umschlagsklappe.

Weizen, Dinkel und Roggen in Maßen

Morgens eine Brotmahlzeit, mittags ein Nudelgericht, nachmittags ein paar Kekse und abends erneut eine Brotmahlzeit. Das

ist kein ungewöhnlicher Tag in Industrieländern, führt aber bei vielen Menschen zu einem unruhigen Bauch. Denn die auf diese Weise zugeführte hohe Kohlenhydratmenge ist fast immer verbunden mit zu geringen Mengen an Gemüse und Protein.
Wenn Sie Ihren Fokus auf Regel Nr. 1 (400–500 g Gemüse am Tag) und Regel Nr. 2 (mind. 20 g Protein in jeder Hauptmahlzeit und mind. 10 g in jeder Zwischenmahlzeit) richten, werden Sie merken, dass eine Reduktion von Brot, Brötchen, Nudeln und Gebäck nicht mehr schwerfällt. Hafer und Kartoffeln sind gesunde Alternativen. Vielleicht starten Sie Ihren Tag mit einem Hafer-Mandel-Frühstück, genießen bei der warmen Mahlzeit die vielfältig einsetzbare Kartoffel und haben damit nur beim Abendbrot eine Weizen-/Dinkelmahlzeit pro Tag? Ihr Bauch wird es Ihnen danken!

Langsam essen und gründlich kauen

Ein hastig verzehrtes Essen, das schlecht gekaut wird, ist für sehr viele Menschen schlecht verträglich. Nehmen Sie sich Pausen im Alltag und gönnen Sie sich regelmäßig ruhige Mahlzeiten ohne Ablenkung. Wer in Hektik, nebenbei oder im Gehen isst, reagiert oft mit einem unruhigen Bauch. Auf der »Flucht« wird nicht verdaut. Auch drei bis fünf tiefe Atemzüge vor der Mahlzeit helfen, diese anschließend besser zu verdauen.

Keine zu langen Esspausen entstehen lassen

Wenn Sie über viele Stunden nicht oder kaum etwas gegessen haben, wird Ihnen die dann folgende Mahlzeit – die dann häufig üppiger ausfällt und schnell gegessen wird – eventuell schlechter bekommen. Lassen Sie deshalb nicht mehr als vier bis fünf Stunden zwischen den Mahlzeiten verstreichen.

Obst nur in geringen Mengen verzehren

Essen Sie maximal 125 g Obst pro Portion und nicht mehr als 250 g an einem Tag. Wichtig: Essen Sie das Obst nicht allein – kombinieren Sie es möglichst mit einer Fett- und/oder Proteinquelle. Ein Stück Obst als Zwischenmahlzeit ruft schnell wieder Hungergefühle hervor und verursacht zudem einen unruhigen Bauch. Daher am besten ½ Apfel mit 1 Handvoll Mandeln oder 5 Weintrauben mit 5 Käsewürfeln kombinieren oder 1 kleinen gewürfelten Pfirsich unter einen Sahnejoghurt mischen. Diese Regel ist nicht nur für Menschen mit Fruktose- und Sorbitunverträglichkeit sinnvoll.

Sauermilchprodukte einbauen

Milchprodukte wie Joghurt, Buttermilch oder Kefir liefern dem Mikrobiom günstige Bakterien. Essen Sie davon möglichst ein bis zwei Portionen pro Tag. Falls Ihnen der übliche Joghurt Beschwerden bereitet, nehmen Sie den nach griechischer Art.

Gasbildung im Darm vermeiden

Kombinieren Sie blähende Lebensmittel mit ausreichend Fett und Protein. So sollten Kohlgemüse und Zwiebelgewächse immer in Kombination mit fett- und proteinreichen Lebensmitteln gegessen werden – Beispiele finden Sie oben. Durch die auf diese Weise verlangsamte und gründlichere Verdauung wird weniger Gas im Darm gebildet.

Andere Unverträglichkeiten

Viele Betroffene leiden neben einer HIT noch unter einer weiteren Nahrungsmittelunverträglichkeit oder Allergie. Was gilt es zu beachten?

HIT plus Laktoseintoleranz

Bei vorliegender Laktoseintoleranz sollten Sie auf alle herkömmlichen Milchprodukte wie Sahne, Joghurt, Quark, Frischkäse, Milch, Schmand, Crème fraîche und Milcheis verzichten. Verwenden Sie stattdessen lieber laktosearme Milchprodukte, die es im Handel speziell für Laktoseintolerante zu kaufen gibt. Schnittkäse und Butter sind laktosearm und in üblichen Verzehrsmengen in der Regel verträglich. Achten Sie beim Kauf von Lebensmitteln auch stets auf die Zutatenliste, die Sie auf der Verpackung des Produkts finden. Häufig wird Laktose oder Milchpulver in erheblichen Mengen als Zutat verwendet – muss in diesem Fall jedoch (außer bei Milchprodukten) aufgeführt sein.

HIT plus Fruktosemalabsorption

Wenn bei Ihnen eine Fruktosemalabsorption per Atemtest diagnostiziert wurde, sollten Sie im ersten Schritt besonders fruktosereiche Obstsorten (z. B. Apfel, Birne, Mango, Weintraube) nur in sehr kleinen Mengen (50–100 g) und nur in Kombination mit fett- und proteinreichen Lebensmitteln (z. B. Sahnejoghurt, Quark, Mandeln, Käse) essen. Auf diese Weise wird der Speisebrei deutlich langsamer durch den Verdauungstrakt geführt und die Fruktose kann planmäßig und vollständiger aus dem Darm ins Blut übergehen. Isst man nur den Apfel allein als Zwischenmahlzeit, ist er deutlich schlechter verträglich als ½ Apfel in Kombination mit 1 Sahnejoghurt oder mit 1 Handvoll Mandeln. Eine ausreichende Fett- und Proteinzufuhr ist bei einer Fruktosemalabsorption demnach ebenfalls sinnvoll und ermöglicht es den Betroffenen, problemlos die generell als gesund empfohlene Obstmenge von 200–250 g am Tag zu essen.

Grünes Licht für Gemüse

Bei der Gemüseauswahl ist keine Einschränkung nötig! Da Haushaltszucker zur Hälfte aus Fruktose besteht, ist hier ebenfalls eine Mengenbegrenzung sinnvoll. Genießen Sie deshalb kleine Portionen Süßigkeiten am besten nach einer Hauptmahlzeit und verzichten Sie auf zuckerhaltige Getränke wie Limonaden, Fruchtsäfte und Schorlen.

HIT plus Sorbitunverträglichkeit

Diese Kombination findet sich in der Praxis sehr häufig. Sie ist allerdings nur mit wenigen Einschränkungen verbunden, die sich im Alltag gut umsetzen lassen. Sorbit kommt wie auch andere schlecht verträgliche Zuckeraustauschstoffe (Mannit, Laktit, Xylit, Maltit, Isomalt) in zuckerfreien Kaugummis, Bonbons, Müsliriegeln, Hustensaft sowie in Früchten vor. Hin und wieder findet sich Sorbit auch als Feuchthaltemittel in Süßigkeiten, muss in diesem Fall jedoch in der Zutatenliste aufgeführt sein. Der Sorbitgehalt von Zahnpasta ist nicht relevant, da sie nicht gegessen wird und das Sorbit somit nicht in nennenswerten Mengen in den Darm gelangen kann.

Aufgepasst bei Obst

Beim Obstverzehr gilt im Rahmen einer Sorbitunverträglichkeit das Gleiche wie bei der Fruktosemalabsorption. Genießen Sie Obst nur in kleinen Mengen und kombinieren Sie es immer mit protein- und/oder fettreichen Lebensmitteln. Besonders sorbitreiche Früchte sind zum Beispiel knackige Birnen, Pflaumen, Kirschen, Aprikosen und Trockenfrüchte. Vorsicht ist auch bei Fruchtsäften geboten, auf die Sie am besten ganz verzichten sollten.

HIT plus Weizensensitivität

Seit einigen Jahren vermuten immer mehr Menschen, dass sie unter einer Unverträglichkeit von Weizen oder Gluten leiden.

Zöliakie oder Glutensensitivität

Beginnen Sie jedoch nie eine glutenfreie Ernährung ohne den sicheren Ausschluss einer Zöliakie. Sobald Sie glutenfrei essen, ist die Zöliakie nicht mehr nachweisbar. Falls nachhaltig der Verdacht besteht, dass Sie mengenabhängig den Weizen oder auch andere glutenhaltige Getreidesorten nicht gut vertragen, und eine Zöliakie sicher ausgeschlossen ist, liegt der Verdacht nahe, dass Sie unter einer Glutensensitivität leiden. Zu dieser erst seit wenigen Jahren bekannten Unverträglichkeit ist bislang leider (noch) keine ärztliche Diagnostik möglich. Unter Gastroenterologen und Ernährungsmedizinern wird diese Unverträglichkeit zunehmend ernst genommen, da sich in der Praxis zeigt, dass vielen »Reizdarmpatienten« eine Kostumstellung guttut.
Zur Info: Rezepte, die in diesem Buch als »glutenfrei« gekennzeichnet sind, können trotzdem Spuren von Gluten aufgrund von Kontamination enthalten.

Eine Ernährungsumstellung lindert

Vielen Betroffenen hilft schon eine sehr deutliche Reduktion von Weizen, Dinkel und Roggen sowie mehr Gemüse, Kartoffeln und Proteinquellen. Nur in wenigen Fällen ist eine vollständig glutenfreie Kost erforderlich. Auffällig ist auch, dass Betroffene häufig zuvor sehr viel Weizen zu sich nahmen. Zu den häufigsten Symptomen einer Glutennsensitivität zählen: Bauchbeschwerden (Blähungen, Durchfälle, Bauchschmerzen), Magenschmerzen, Übelkeit, Kopfschmerzen, starke Müdigkeit, Benommenheit.

Professionelle Unterstützung

Falls Sie unter mehr als einer Unverträglichkeit leiden oder weitere Erkrankungen bekannt sind: Lassen Sie sich von einer geschulten Ernährungstherapeutin beraten!

Histaminarm genießen

ohne Bauchbeschwerden

Ihr Speiseplan ist in den ersten Wochen der Ernährungsumstellung, der Karenzphase, am stärksten eingeschränkt. So manch ein gern gegessenes Gericht sollte gemieden werden. Suchen Sie sich dafür einfach eine verträgliche, mindestens genauso leckere Alternative. Schon nach kurzer Zeit können Sie wieder genauso vielfältig genießen und haben Ihren Speiseplan mit neuen Gewohnheiten erweitert. Egal, ob Sie Gäste erwarten oder eine schnelle Alternative zum Kantinenessen benötigen, im nun folgenden Rezeptteil finden Sie alltagstaugliche Gerichte für beschwerdefreien Genuss.

Kartoffel-Hafer-Brot

Für 1 Kastenform (30 cm Länge, 20 Scheiben) • 20 Min. Zubereitung • 7 Std. 30 Min. Gehen (über Nacht) • 40 Min. Backen

150 g gegarte Pellkartoffeln
100 g Möhren
100 g zarte Haferflocken
500 g Dinkelmehl (Type 630)
10 g frische Hefe (¼ Würfel)
1 Ei (M)
2 TL Salz
Öl für die Form
Mehl zum Arbeiten

1. Am Vorabend die Kartoffeln pellen und auf der Gemüsereibe grob raspeln. Die Möhren putzen, waschen und ebenfalls grob raspeln. In einer Rührschüssel Kartoffeln, Möhren, Haferflocken und Dinkelmehl mischen.

2. Die Hefe zerbröseln und zum Kartoffel-Mehl-Mix geben. Ei, Salz und 350 ml lauwarmes Wasser hinzufügen und alles mit den Knethaken des Handrührgeräts oder der Küchenmaschine kompakt verkneten. Den Brotteig im Kühlschrank abgedeckt ca. 7 Std., am besten über Nacht, gehen lassen.

3. Am nächsten Tag die Form einfetten. Den Teig auf der leicht bemehlten Arbeitsfläche mit den Händen nochmals durchkneten und in die Form geben. Im Ofen (Mitte) bei 50° (Umluft) nochmals ca. 30 Min. gehen lassen.

4. Anschließend die Backofentemperatur auf 190° (Umluft) erhöhen und das Brot im Ofen (Mitte) ca. 40 Min. backen, bis sich eine gute Bräunung zeigt. Das Brot herausnehmen und auf einem Kuchengitter vollständig abkühlen lassen. Zum Servieren in Scheiben schneiden.

Nährwerte pro Scheibe

- ca. 115 kcal
- 4 g Eiweiß
- 1 g Fett
- 22 g Kohlenhydrate

Tipp

Backwaren mit langer Teigruhe sind für sehr empfindliche Bäuche hin und wieder besser verträglich. Denn durch die lange Gehzeit werden sogenannte schwer verdauliche Verbindungen im Getreide abgebaut, die ansonsten im Darm für Unruhe sorgen können.

MIT EXTRA
LANGER GEHZEIT

Schnelles Dinkelbrot

Für 1 Kastenform (26 cm Länge, 16 Scheiben) •
10 Min. Zubereitung • 50 Min. Backen

650 g Dinkelvollkornmehl
1 EL Salz
42 g frische Hefe (1 Würfel)
Öl für die Form

1. Das Dinkelvollkornmehl mit dem Salz in einer Rührschüssel mischen. Die Hefe zerbröckeln und auf dem Mehl verteilen. Mit den Knethaken des Handrührgeräts 500 ml lauwarmes Wasser langsam unter die Mehl-Hefe-Mischung kneten, bis ein kompakter Brotteig entstanden ist.

2. Die Kastenform einfetten. Den Teig in die Form füllen und im nicht vorgeheizten Backofen (Mitte) bei 200° ca. 50 Min. backen.

3. Das Brot aus dem Ofen nehmen und ca. 10 Min. in der Form abkühlen lassen, dann auf ein Kuchengitter stürzen und vollständig abkühlen lassen.

Nährwerte pro Scheibe

- ca. 150 kcal
- 6 g Eiweiß
- 2 g Fett
- 26 g Kohlenhydrate

Tipp

Wenn Sie vor allem zu Beginn der Ernährungsumstellung noch unter weichen Stühlen oder Durchfall leiden, können Sie das Brot auch mit Dinkelmehl (Type 630) zubereiten.

Quarkbrot

Für 1 Kastenform (24 cm Länge, 15 Scheiben) •
10 Min. Zubereitung • 50 Min. Backen

500 g Magerquark
4 Eier (M)
25 g Leinsamen
25 g Chia-Samen
100 g Kürbiskerne
50 g zarte Haferflocken
50 g Haferkleie
1 Pck. Backpulver
½ TL Salz
Fett für die Form

1. Den Backofen auf 160° (Umluft) vorheizen. Die Form einfetten. Quark und Eier in einer Rührschüssel mit den Rührbesen des Handruhrgeräts glatt verrühren. Die übrigen Zutaten der Reihe nach hinzufügen und gründlich unterrühren.

2. Den Teig in der Form verteilen und im Ofen (Mitte) ca. 50 Min. backen. Anschließend das Brot aus dem Ofen nehmen und in der Form auf einem Kuchengitter abkühlen lassen. Das Brot erst nach dem Abkühlen aus der Form stürzen und im Kühlschrank aufbewahren.

Nährwerte pro Scheibe

- ca. 130 kcal
- 5 g Eiweiß
- 7 g Fett
- 5 g Kohlenhydrate

Tipp

Das Quarkbrot liefert eine extra Portion Protein. Das hilft unserem Darm, eine gründliche Verdauung durchzuführen. Lesen Sie hierzu auch die wichtigen Informationen auf S. 34. Zudem ist das Brot kohlenhydratarm und glutenfrei – eine Hilfe für alle, die den häufig zu hohen Weizen-/Dinkelverzehr reduzieren möchten.

Feigenbrot mit Mandeln

Für 1 Kastenform (35 cm Länge, 23 Scheiben) •
15 Min. Zubereitung • 35 Min. Gehen • 40 Min. Backen

250 g getr. ungeschwefelte Feigen
650 g Dinkelvollkornmehl
1 EL Salz
1 TL Zimtpulver
42 g frische Hefe (1 Würfel)
200 g gehackte Mandeln
Öl für die Form

1. Die Feigen in kleine Würfel schneiden und mit 150 ml Wasser in einen kleinen Topf geben. Alles aufkochen und bei mittlerer Hitze ca. 5 Min. köcheln lassen, dann vom Herd nehmen und abkühlen lassen. So nehmen die Feigen Feuchtigkeit auf und machen das fertige Brot saftig.

2. Mehl, Salz und Zimt in einer Rührschüssel mischen. Die Hefe auf das Mehl bröckeln. Mit den Knethaken des Handrührgeräts 500 ml lauwarmes Wasser so lange langsam unterkneten, bis ein kompakter Teig entstanden ist.

3. Die Kastenform einfetten. Die Mandeln und die Feigen samt Kochflüssigkeit zum Teig geben und unterkneten. Den Teig in die Kastenform geben und in den Backofen stellen. Diesen auf 50° aufheizen, dann ausschalten und den Brotteig weitere 30 Min. im ausgeschalteten Ofen (Mitte) gehen lassen. Anschließend die Ofentemperatur auf 190° erhöhen und das Brot noch ca. 40 Min. backen.

4. Das Brot aus dem Ofen nehmen und ca. 10 Min. in der Form abkühlen lassen, dann auf ein Kuchengitter stürzen und vollständig abkühlen lassen.

Nährwerte pro Scheibe

- ca. 185 kcal
- 7 g Eiweiß
- 6 g Fett
- 24 g Kohlenhydrate

Für besondere Anlässe

Dieses fruchtig-nussige Brot ist so lecker, dass es auch nur mit Butter bestrichen ein echter Genuss ist!

FÜR BESONDERE
ANLÄSSE

Herzhafte Muffins

Für 12 Stück • 15 Min. Zubereitung • 20 Min. Backen

80 g Speisestärke (oder Dinkelvollkornmehl)
1 Pck. Backpulver
250 g Speisequark (40 % Fett)
4 Eier (M)
80 g zarte Haferflocken
40 g Sonnenblumenkerne
40 g Kürbiskerne
1 TL Salz
12er-Muffinform
12 Muffinpapierbackförmchen

1. Den Backofen auf 180° vorheizen. Die Speisestärke mit dem Backpulver in eine Rührschüssel geben und mischen. Den Quark und die Eier zugeben und mit den Rührbesen des Handrührgeräts gründlich unterrühren.

2. Haferflocken, Sonnenblumenkerne, Kürbiskerne und Salz zugeben und unterheben.

3. Die Mulden der Muffinform mit den Papierförmchen auslegen und mit zwei Esslöffeln den Teig in die Papierförmchen verteilen. Die Muffins im Ofen (Mitte) ca. 20 Min. backen, bis sie goldbraun sind.

4. Die fertigen Muffins aus dem Ofen nehmen und kurz in der Form ruhen lassen, dann aus den Mulden lösen und auf einem Kuchengitter vollständig abkühlen lassen.

Nährwerte pro Stück

- ca. 140 kcal
- 8 g Eiweiß
- 8 g Fett
- 10 g Kohlenhydrate

Tipp

Beachten Sie bei Glutenunverträglichkeit: Speisestärke besteht in der Regel aus Mais und ist daher glutenfrei. Wenn Sie für die Muffins Dinkelmehl verwenden, ist das Gebäck allerdings nicht mehr glutenfrei.

LOW CARB

Mandel-Kokos-Creme

Für 4 Portionen • 5 Min. Zubereitung

1 EL Reissirup
(oder flüssiger Honig)
2 EL Mandelmus
1 EL Kokosraspel
1 EL Puderzucker

1. Reissirup (oder Honig), Mandelmus und Kokosraspel in eine kleine Schüssel geben. Den Puderzucker hinzufügen und alles mit einer Gabel zu einer homogenen Masse verarbeiten.

2. Die Mandel-Kokos-Creme hält sich im Kühlschrank gut verschlossen ca. 10 Tage. Sie passt als Aufstrich zum Feigenbrot (s. S. 46) oder schnellen Dinkelbrot (s. S. 44).

Nährwerte pro Portion

- ca. 115 kcal
- 2 g Eiweiß
- 8 g Fett
- 9 g Kohlenhydrate

Heidelbeercreme

Für 15 Portionen • 15 Min. Zubereitung • 3 Std. Auftauen

300 g TK-Heidelbeeren
1 Pck. Vanillezucker
50 g Zucker

1. Die tiefgekühlten Früchte in einem Sieb auftauen lassen. Dabei den Saft in einer darunter stehenden Schüssel auffangen. Das dauert ca. 3 Std. (Der aufgefangene Saft lässt sich mit Mineralwasser zu einer fruchtigen Schorle mischen.)

2. Die leicht entsafteten Beeren mit dem Vanillezucker und dem Zucker in einen Topf geben und erhitzen. Alles unter Rühren ca. 10 Min. einkochen, bis eine dickflüssige Creme entstanden ist. Sie ist im Kühlschrank gut verschlossen ca. 10 Tage haltbar.

Variante

Einfach geht auch ein **Beerenfrischkäse:** Für 8 Portionen je 20 g TK-Himbeeren und TK-Heidelbeeren auftauen lassen und mit 30 g flüssigem Honig in einer Schüssel mit einer Gabel zerdrücken. 125 g Frischkäse (Doppelrahmstufe) dazugeben und gründlich untermischen. Zuletzt 5 Zitronenmelisseblätter waschen, trocken tupfen, fein hacken und unter die Creme heben.

Nährwerte pro Portion

- ca. 30 kcal
- 0 g Eiweiß
- 0 g Fett
- 8 g Kohlenhydrate

Feurige Paprikabutter

Für 10 Portionen • 10 Min. Zubereitung

5 Schnittlauchhalme
150 g weiche Butter
½ TL Salz
40 g rote Paprika
½ rote Chilischote
½ TL edelsüßes Paprikapulver

1. Den Schnittlauch waschen, trocken tupfen und in feine Röllchen schneiden. Die weiche Butter mit den Schnittlauchröllchen und dem Salz in eine kleine Schüssel geben und alle Zutaten mit einer Gabel gründlich vermengen.

2. Die Paprika waschen, weiße Trennwände und Kerne entfernen, die Paprika in sehr feine Würfel schneiden. Die Chilischote waschen, halbieren, weiße Trennwände und Kerne entfernen, die Hälften in sehr feine Würfel schneiden.

3. Chili- und Paprikawürfel mit dem Paprikapulver zur Butter geben und untermischen. Die Paprikabutter bis zum Servieren kühl stellen. Sie ist im Kühlschrank ca. 14 Tage haltbar.

Nährwerte pro Portion

- ca. 115 kcal
- 0 g Eiweiß
- 12 g Fett
- 0 g Kohlenhydrate

Tipp

Diese Paprikabutter schmeckt, zu einer Rolle geformt, gekühlt und in Scheiben geschnitten, sehr gut zu Steak. Oder Sie heben sie als geschmackliche Abrundung unter gedünstetes Gemüse.

Feine Dattelcreme

Für 8 Portionen • 10 Min. Zubereitung

100 g getrocknete Datteln (entsteint)
40 g Mandelmus
Zimtpulver

1. Die Datteln in Würfel schneiden und mit dem Mandelmus sowie 4 EL Wasser in einen hohen Rührbecher geben.

2. Anschließend alles mit dem Pürierstab zu einer feinen Creme pürieren und mit 1 Prise Zimtpulver abschmecken.

Nährwerte pro Portion

- ca. 70 kcal
- 1 g Eiweiß
- 3 g Fett
- 9 g Kohlenhydrate

Tipp

Anstatt der getrockneten Datteln können Sie gerne auch getrocknete, ungeschwefelte Feigen für den süßen Aufstrich verwenden.

Geflügel-Lauch-Salat

Für 2 Personen • 30 Min. Zubereitung

200 g Hähnchenbrustfilet
½ Stange Lauch
1 EL Öl
Salz
Currypulver
100 g Schmand

1. Das Hähnchenbrustfilet in sehr feine Würfel schneiden (so fein wie Hackfleisch). Den Lauch putzen, waschen und in sehr dünne Ringe schneiden.

2. Das Öl in einer beschichteten Pfanne erhitzen und das Fleisch mit dem Lauch darin ca. 10 Min. unter Rühren garen. Mit Salz und Curry abschmecken, vom Herd nehmen und abkühlen lassen.

3. Zum Servieren den Schmand unter den Geflügel-Lauch-Mix heben und den Aufstrich auf Brot genießen.

Nährwerte pro Portion

- ca. 285 kcal
- 25 g Eiweiß
- 19 g Fett
- 4 g Kohlenhydrate

Tipp

Der herzhafte Brotaufstrich ist eine gute Alternative zu klassischen Wurstwaren. Sein Vorteil: Gekaufte Geflügel- bzw. Fleischsalate enthalten meist etwas Essig, der nicht gut vertragen wird, sowie hin und wieder Konservierungsstoffe. Das finden Sie in der selbst gemachten Variante nicht.

HERZHAFTER
BROTBELAG

Haferbrei mit Beeren

Für 2 Personen • 15 Min. Zubereitung

60 g zarte Haferflocken
160 g Sahne
1 TL flüssiger Honig
100 g Heidelbeeren (frisch oder TK)
1 EL Zucker

1. Die Haferflocken mit 100 g Sahne und 100 ml Wasser in einem kleinen Topf verrühren und alles aufkochen. Den Brei vom Herd nehmen und etwas abkühlen lassen, dann den Honig unterrühren.

2. TK-Heidelbeeren auftauen lassen. Frische Heidelbeeren verlesen, waschen und trocken tupfen. Die Beeren mit dem Zucker in einen hohen Rührbecher geben und alles mit dem Pürierstab zu einem feinen Mus verarbeiten.

3. Die übrige Sahne steif schlagen und vorsichtig mit einem Teigschaber unter den abgekühlten Haferbrei heben.

4. Den Haferbrei auf Müslischälchen verteilen und die Heidelbeersauce daraufgeben.

Nährwerte pro Portion

- ca. 420 kcal
- 6 g Eiweiß
- 28 g Fett
- 35 g Kohlenhydrate

Tipp

Heidelbeeren sind besonders gut geeignet, wenn Sie unter zu weichen Stühlen leiden. Haferflocken sind echte Bauchschmeichler, die rasch für Ruhe sorgen.

BERUHIGT SCHNELL
DEN BAUCH

Hirsefrühstück mit Obst

Für 2 Personen • 20 Min. Zubereitung

75 g Hirse
½ Apfel
100 g Cantaloupe- oder Honigmelone
1 Aprikose
100 g Sahne

1. Die Hirse in einem Sieb abbrausen und mit 250 ml Wasser in einen kleinen Topf geben, alles zum Kochen bringen und in ca. 10 Min. weich garen. Die Hirse durch ein Sieb abgießen und abkühlen lassen.

2. Den Apfel waschen, vom Kerngehäuse befreien und in feine Würfel schneiden. Die Melone schälen, entkernen und in mundgerechte Stücke schneiden. Die Aprikose halbieren, den Stein entfernen und das Fruchtfleisch würfeln.

3. Die Hirse mit dem Obst in eine Schüssel geben und locker verrühren. Die Sahne steif schlagen und unter die Hirse-Frucht-Mischung heben. Das Hirsefrühstück auf Müslischalen verteilen und servieren.

Nährwerte pro Portion

- ca. 350 kcal
- 5 g Eiweiß
- 18 g Fett
- 42 g Kohlenhydrate

Tipp

Früchte als Zwischenmahlzeit sind für viele Menschen eine feste Gewohnheit, aber nicht immer gut verträglich. Kombinieren Sie Obst am besten immer mit einer Protein- oder Fettquelle. Damit verlangsamt sich die Transitzeit im Verdauungstrakt und Nahrungsbestandteile wie Fruktose (Fruchtzucker) oder Sorbit gehen planmäßig ins Blut über. Sie können nicht versehentlich in den Dickdarm rutschen, wo sie Blähungen verursachen.

FRISCHE
MÜSLI-ALTERNATIVE

Schnelles Crunchy-Müsli

Für 5 Personen • 10 Min. Zubereitung • 25 Min. Backen

4 EL Öl
60 g Ahornsirup
250 g zarte Haferflocken
70 g Saatenmischung (z. B. Kürbis-, Sonnenblumenkerne, heller Sesam, Mohnsamen)
1 Prise Zimtpulver

1. Den Backofen auf 150° vorheizen. Ein Backblech mit Backpapier belegen. Das Öl mit dem Sirup in einer Pfanne bei mittlerer Hitze erhitzen. Flocken, Saatenmischung und Zimt dazugeben und alles gut mischen.

2. Die heiße Flockenmischung auf dem Backblech verteilen und im Ofen (Mitte) ca. 25 Min. backen. Die Müslimischung aus dem Ofen nehmen und auf einem Kuchengitter abkühlen lassen. Danach in einem geschlossenen Behälter aufbewahren, so hält sie sich ca. 4 Wochen.

Nährwerte pro Portion

- ca. 370 kcal
- 10 g Eiweiß
- 18 g Fett
- 38 g Kohlenhydrate

Tipp

Das knusprige Müsli ist in Kombination mit Früchten und Joghurt ein echter Gaumenschmaus. Es lässt sich auch gut in großen Mengen für den Vorrat zubereiten. Haferflocken eignen sich besonders gut für unruhige Bäuche und liefern hochwertige sowie gut verträgliche Ballaststoffe.

Saatenmüsli

Für 2 Personen • 5 Min. Zubereitung

2 EL zarte Haferflocken
1 EL Sonnenblumenkerne
1 EL Kürbiskerne
1 EL Chia-Samen
1 EL Mandelblättchen
1 EL Kokosraspel
2 EL Rosinen
200 g griech. Joghurt (10 % Fett)

1. Haferflocken, Sonnenblumenkerne, Kürbiskerne, Chia-Samen, Mandelblättchen und Kokosraspel in eine Schüssel geben und gut mischen.

2. Die Rosinen in einem Sieb heiß abbrausen und abtropfen lassen, dann trocken tupfen und unter das Saatenmüsli mischen.

3. Zum Servieren den Joghurt auf Müslischalen verteilen und mit der Saaten-Rosinen-Mischung bestreuen.

Nährwerte pro Portion

- ca. 420 kcal
- 13 g Eiweiß
- 29 g Fett
- 26 g Kohlenhydrate

Tipp

Sie können nur die Saatenmischung auch gleich in größeren Mengen für den Vorrat zubereiten. Das Plus: In diesem Müsli finden sich anders als in vielen Fertigmüslis keine Haselnüsse, die bei Histaminintoleranz nicht verträglich sind. Sie haben den Verdacht, dass Ihnen Joghurt in Magen und Darm nicht bekommt? Der griechische Rahmjoghurt ist dann noch am besten verträglich.

Ingwer-Smoothie

Für 2 Personen • 10 Min. Zubereitung

100 g Honigmelone
100 g Salatgurke
100 g Kohlrabi
1 Stück Ingwer (2 cm lang)
150 g Kokosmilch
3 EL Mandelmehl (teilentölt; oder gemahlene Mandeln)

1. Die Honigmelone schälen, entkernen und in Würfel schneiden. Die Gurke putzen, waschen und in Würfel schneiden. Kohlrabi schälen und fein würfeln. Melone, Gurke und Kohlrabi in einen hohen Rührbecher geben.

2. Den Ingwer schälen, fein reiben und mit der Kokosmilch und dem Mandelmehl zu den anderen Zutaten in den Rührbecher geben. Die Smoothie-Zutaten mit dem Pürierstab zu einem homogenen Drink pürieren. Zum Servieren auf Gläser verteilen.

Nährwerte pro Portion

- ca. 90 kcal
- 8 g Eiweiß
- 2 g Fett
- 10 g Kohlenhydrate

Tipp

Smoothies sind tolle Zwischenmahlzeiten: gesund, frisch, vitaminreich und einfach lecker. Sie verhindern damit auch, zu viel Brot zu essen, das als übliche, schnell zubereitete Zwischenmahlzeit viel zu oft auf den Teller kommt. Achten Sie jedoch stets darauf, dass die Smoothies ausreichend Fett oder Protein (z. B. Rahmjoghurt oder Mandelmus) enthalten. Andernfalls führen die häufig Fruchtzucker enthaltenden Getränke schnell zu einem unruhigen Bauch. Fertig gekaufte Smoothies enthalten oft große Fruchtsaftmengen und sollten generell gemieden werden.

FRUCHTIGES
MIT INGWERSCHÄRFE

Beeren-Smoothie

Für 2 Personen • 10 Min. Zubereitung

200 g griech. Joghurt (10 % Fett)
30 g Heidelbeeren (frisch oder TK)
30 g Rote Johannisbeeren (frisch oder TK)
60 g Rote Bete
5 Minzblätter
1 TL flüssiger Honig

1. Den Joghurt in einen hohen Rührbecher geben. Frische Beeren verlesen, waschen und zum Joghurt geben. TK-Früchte nach Belieben gefroren oder aufgetaut dazugeben.

2. Die Rote Bete putzen, schälen und in kleine Würfel schneiden (Achtung, sie färbt stark ab!). Die Minzblätter waschen und trocken tupfen.

3. Rote-Bete-Würfel, Minze und Honig zur Beeren-Joghurt-Mischung in den Rührbecher geben. Alle Zutaten mit dem Pürierstab oder im Smoothie-Maker zu einem homogenen Drink pürieren. Falls der Smoothie zu dickflüssig ist, noch bis zu 100 ml Wasser untermischen. Zum Servieren den Smoothie auf Gläser verteilen.

Nährwerte pro Portion

- ca. 145 kcal
- 4 g Eiweiß
- 10 g Fett
- 10 g Kohlenhydrate

Tipp

Joghurt nach griechischer oder türkischer Art enthält 10 % Fett und ist damit von Haus aus teilabgetropft. Er besitzt eine etwas festere Konsistenz als normaler Naturjoghurt und ist für viele Betroffene schon gut verträglich.

Gemüse-Smoothie

Für 2 Personen • 20 Min. Zubereitung

½ rote Paprika
100 g Salatgurke
100 g Apfel
½ Möhre
1 EL Kürbiskerne
2 EL Mandelmehl (teilentölt; oder gemahlene Mandeln)
Mineralwasser (mit Kohlensäure) nach Bedarf
Salz, Pfeffer

Nährwerte pro Portion

- ca. 95 kcal
- 6 g Eiweiß
- 4 g Fett
- 8 g Kohlenhydrate

1. Die Paprika waschen, weiße Trennwände und Kerne entfernen und die Hälfte klein würfeln. Die Gurke putzen, waschen und klein würfeln. Den Apfel waschen, vierteln und das Kerngehäuse entfernen. Die Apfelviertel grob würfeln. Die Möhre putzen, schälen und grob würfeln.

2. Die vorbereiteten Zutaten mit den Kürbiskernen in einen hohen Rührbecher geben und mit dem Pürierstab feincremig pürieren (alternativ im Smoothie-Maker arbeiten).

3. Das Mandelmehl dazugeben. Dann das Püree mit so viel Mineralwasser auffüllen, bis die gewünschte Konsistenz erreicht ist.

4. Zum Servieren den Gemüse-Smoothie mit Salz und Pfeffer abschmecken und auf Gläser verteilen.

Hüttenkäsesalat mit Pellkartoffeln

Für 2 Personen • 30 Min. Zubereitung

500 g vorwiegend festkochende Kartoffeln
100 g rote Paprika
100 g Salatgurke
100 g Möhren
100 g Mais (aus Glas oder Dose)
300 g körniger Frischkäse (Hüttenkäse)
2 EL Cranberrysaft (oder Johannisbeersaft)
4 EL Olivenöl
Salz, Pfeffer

1. Die Kartoffeln mit der Gemüsebürste gründlich waschen und samt Schale in einem Topf in wenig Wasser in ca. 20 Min. weich garen.

2. Inzwischen die Paprika waschen, halbieren, weiße Trennwände und Kerne entfernen, die Hälften klein würfeln. Die Gurke putzen, waschen und ebenfalls in kleine Würfel schneiden. Die Möhren putzen, schälen und auf der Gemüsereibe grob raspeln. Den Mais in einem Sieb abbrausen und abtropfen lassen.

3. Gemüse und Mais in einer Salatschüssel mischen. Den Hüttenkäse mit dem Saft und dem Öl unterrühren. Zum Servieren den Salat mit Salz und Pfeffer abschmecken und mit den Kartoffeln auf Tellern anrichten.

Nährwerte pro Portion

- ca. 595 kcal
- 27 g Eiweiß
- 28 g Fett
- 58 g Kohlenhydrate

Tipp

Garen Sie am besten gleich eine größere Menge Pellkartoffeln – sie lassen sich im Kühlschrank 3–4 Tage aufbewahren. Somit können Sie in den nächsten Tagen zeitsparend ein Kartoffelgericht wie Bratkartoffeln oder Kartoffelsalat (s. S. 86 u. 87) zubereiten. Das Plus: Ein Teil der in der Kartoffel enthaltenen Stärke wandelt sich um, in sogenannte resistente Stärke. Diese dient als »Spezialfutter« für unsere günstigen Bakterien und unterstützt die Darmgesundheit.

GESUNDER
SATTMACHER

Fruchtige Kürbis-Bowl

Für 2 Personen • 25 Min. Zubereitung

60 g Basmati-Reis
gemahlene Kurkuma
Salz
450 g Hokkaido-Kürbis
1 Zwiebel
1 EL Olivenöl
Pfeffer
20 g Pinienkerne
150 g Ziegenfrischkäse
150 g griech. Joghurt (10 % Fett)
3 getr. Datteln (oder frische Feigen)

1. Den Reis in einem Sieb abbrausen und mit 1 Prise Kurkuma in einem Topf in ausreichend Salzwasser in ca. 20 Min. bissfest garen. Anschließend in ein Sieb abgießen und abtropfen lassen.

2. Inzwischen den Kürbis waschen, entkernen und mundgerecht würfeln. Die Zwiebel schälen und achteln. Das Öl in einer Pfanne erhitzen und Kürbis und Zwiebelstücke darin bei mittlerer Hitze unter Wenden in 5–7 Min. bissfest garen. Salzen und pfeffern.

3. Die Pinienkerne in einer Pfanne ohne Fett hell rösten. Herausnehmen und abkühlen lassen. Den Ziegenfrischkäse mit dem Joghurt glatt verrühren. Die Datteln längs halbieren und entsteinen.

4. Zum Servieren den Reis mit Kürbis, Datteln und Frischkäse-Mix nebeneinander in Schalen (Bowls) anrichten, mit den Pinienkernen bestreuen und noch warm oder abgekühlt genießen. Die Bowl lässt sich gut mitnehmen.

Nährwerte pro Portion

- ca. 700 kcal
- 23 g Eiweiß
- 36 g Fett
- 76 g Kohlenhydrate

Rohkost mit Käsedip

Für 2 Personen • 10 Min. Zubereitung

100 g Tortenbrie
100 g Kräuterfrischkäse (Doppelrahmstufe)
1 Frühlingszwiebel
½ TL mittelscharfer Senf
2 Möhren
1 rote Paprika
100 g Salatgurke
100 g Weintrauben

1. Den Tortenbrie in grobe Stücke schneiden. Mit dem Kräuterfrischkäse auf einen tiefen Teller geben. Beides mit einer Gabel zerdrücken und damit gründlich mischen.

2. Die Frühlingszwiebel putzen, waschen und in sehr dünne Ringe schneiden. Dann unter den Käse-Mix mengen. Den Senf dazugeben und ebenfalls untermischen.

3. Das Gemüse putzen, waschen bzw. schälen und in fingergroße Sticks schneiden. Die Trauben waschen und von den Rispen zupfen. Beides mit dem Dip servieren.

Nährwerte pro Portion

- ca. 400 kcal
- 18 g Eiweiß
- 26 g Fett
- 21 g Kohlenhydrate

Tipp

Diese einfache Mahlzeit lässt sich sehr gut vorbereiten und mitnehmen. Ob am Arbeitsplatz, in Pausen bei langen Autofahrten oder bei einem Besuch im Zoo – diese proteinreiche Gemüsemahlzeit wird Ihnen gut bekommen und Sie lange anhaltend sättigen.

Rote-Bete-Salat mit Mandeln und Joghurt

Für 2 Personen • 20 Min. Zubereitung

50 g gehäutete Mandeln
250 g Rote Bete
200 g griech. Joghurt (10 % Fett)
1 EL Johannisbeersaft (oder Cranberrysaft)
1 Stück Ingwer (1,5 cm lang)
Salz
Currypulver

1. Die Mandeln in einer Pfanne ohne Fett bei mittlerer Hitze unter ständigem Rühren rösten, bis sie anfangen zu duften. Dann die Mandeln aus der Pfanne auf ein Brett schütten und abkühlen lassen, bis der Salat fertig ist.

2. Die Roten Beten putzen, schälen und auf der Gemüsereibe grob raspeln (Achtung, sie färben stark ab!). Dann auf Schalen verteilen.

3. Den Joghurt mit dem Saft glatt verrühren. Den Ingwer schälen und dazureiben. Den Ingwerjoghurt mit Salz und Currypulver abschmecken und auf den Roten Beten verteilen, nicht umrühren.

4. Zum Servieren die abgekühlten Mandeln mit einem großen Messer hacken und gleichmäßig auf dem Rote-Bete-Salat verteilen.

Nährwerte pro Portion

- ca. 310 kcal
- 10 g Eiweiß
- 23 g Fett
- 15 g Kohlenhydrate

Tipps

Sie mögen lieber Sesam oder Kürbiskerne? Dann verwenden Sie anstelle der Mandeln einfach, was Ihnen am besten schmeckt. Der optisch ansprechende Salat wird schnell zu jedem Grillfest ein Favorit. Er schmeckt auch sehr gut mit Möhren statt Roten Beten.

BESONDERS REICH AN
EISEN

Cranberrydressing

Für 2 Personen • 5 Min. Zubereitung

3 EL ungesüßter Cranberrysaft (aus Reformhaus oder Bioladen)
1 EL flüssiger Honig (oder 1 TL Zucker)
2 EL Öl
Salz, Pfeffer

1. Den Cranberrysaft mit Honig und Öl in einer kleinen Schüssel gründlich verrühren. Das Dressing mit Salz und Pfeffer abschmecken. Es passt zu Blattsalaten aller Art.

Tipp

Essig oder Zitronensaft bereitet vielen Betroffenen Beschwerden. Daher hier eine Alternative, die sich mit allen verträglichen sauren Fruchtsäften zubereiten lässt. Wem Cranberrysaft zu herb ist, kann auch Acerola-, Johannisbeer-, Sanddorn- oder Granatapfelkernsaft nehmen. Achten Sie immer darauf, dass es sich um 100 % Saft handelt und nicht um gezuckerte und verdünnte Fruchtsaftgetränke.

Variante

Für ein schnelles **Johannisbeerdressing** (für 8 Portionen) 200 g Johannisbeeren verlesen, waschen und in einem Sieb ausdrücken. Den Saft auffangen und mit 8 EL Öl und 2 TL flüssigem Honig (oder Zucker) verrühren. Mit Salz und Pfeffer würzen. Hält sich gekühlt ca. 14 Tage.

Nährwerte pro Portion

- ca. 110 kcal
- 0 g Eiweiß
- 10 g Fett
- 4 g Kohlenhydrate

Joghurt-Senf-Dressing

Für 2 Personen • 10 Min. Zubereitung

150 g griech. Joghurt (10 % Fett)
1 TL mittelscharfer Senf
½ Bund Petersilie
Salz
Currypulver

1. Den Joghurt mit dem Senf und 4 EL Wasser in einer kleinen Schüssel glatt verrühren. Die Petersilie waschen, trocken tupfen, die Blätter abzupfen und fein hacken. Dann ebenfalls unter den Joghurt rühren.

2. Anschließend das Dressing mit Salz und Currypulver abschmecken. Es passt besonders gut zu Blattsalaten und geraspelten Möhren.

Tipp

Für ein **rotes Minzdressing** (für 2 Portionen) 50 g Rote Johannisbeeren verlesen, waschen und in einem hohen Rührbecher mit dem Pürierstab fein mixen. 5 Minzblätter waschen, trocken tupfen, fein hacken und zu den Beeren geben. 100 g griech. Joghurt (10 % Fett), 1 TL flüssigen Honig, 1 EL Öl und 2 EL Wasser unter das Dressing rühren und alles mit Salz und Pfeffer abschmecken. Passt zu Blattsalaten oder Rote-Bete-Rohkost.

Nährwerte pro Portion

- ca. 110 kcal
- 2 g Eiweiß
- 6 g Fett
- 12 g Kohlenhydrate

Quinoa-Rote-Bete-Salat

Für 2 Personen • 30 Min. Zubereitung

100 g Quinoa
Salz
4 Frühlingszwiebeln
4 EL Öl
300 g gegarte Rote Bete (vakuumverpackt)
80 g Mandelstifte
200 g körniger Frischkäse (Hüttenkäse)
Currypulver

1. Die Quinoa in einem Topf in 300 ml Salzwasser aufkochen und zugedeckt bei kleiner Hitze in ca. 20 Min. weich garen. Das Wasser sollte dann vollständig verdampft sein – andernfalls das restliche Wasser abgießen und die Quinoa ausdampfen und abkühlen lassen.

2. Inzwischen die Frühlingszwiebeln putzen, waschen und in dünne Ringe schneiden. 1 EL Öl in einer Pfanne erhitzen und die Frühlingszwiebeln darin kurz andünsten, anschließend vom Herd nehmen und abkühlen lassen. Die Rote Bete ggf. schälen und in kleine Würfel schneiden (Achtung, sie färbt stark ab!).

3. Quinoa, Frühlingszwiebeln, Rote Bete und Mandelstifte in einer Salatschüssel mischen. Das übrige Öl und den Hüttenkäse unterrühren und den Salat mit Salz und Curry abschmecken. Zum Servieren den Salat auf tiefe Teller oder Schalen verteilen.

Nährwerte pro Portion

- ca. 570 kcal
- 24 g Eiweiß
- 28 g Fett
- 53 g Kohlenhydrate

Tipp

Sie mögen lieber Reis, Hirse, Couscous oder Bulgur statt Quinoa? Dann garen Sie einfach davon die gleiche Menge nach Packungsanweisung bissfest (Couscous und Bulgur sind allerdings nicht glutenfrei!). Der Salat hält sich im Kühlschrank und schmeckt auch noch am Folgetag.

HIER KLAPPT ES MIT
MEALPREP

Bunter Schinkensalat

Für 2 Personen • 10 Min. Zubereitung

100 g gekochter Schinken
50 g gelbe Paprika
50 g rote Paprika
1 TL geriebener Meerrettich (aus dem Glas)
1 EL Cranberrysaft
1 EL Schmand
Salz

1. Den gekochten Schinken in dünne Streifen oder kleine Würfel schneiden. Die Paprikastücke waschen, weiße Trennwände und Kerne entfernen und die Paprika ebenfalls in Streifen schneiden.

2. Den Meerrettich mit den Paprika und dem Schinken in eine Salatschüssel geben. Den Cranberrysaft und den Schmand dazugeben und alles gründlich mischen.

3. Zum Servieren den Schinkensalat nochmals mit Salz abschmecken und auf Tellern oder in Schalen anrichten.

Nährwerte pro Portion

- ca. 100 kcal
- 12 g Eiweiß
- 5 g Fett
- 2 g Kohlenhydrate

Antipasti-Gemüse

Für 2 Personen • 20 Min. Zubereitung

150 g rote Paprika
150 g gelbe Paprika
150 g Zucchini
4 EL Olivenöl
Salz, Pfeffer
mediterrane Kräuter zum Garnieren (nach Belieben)

1. Die beiden Paprika waschen, ggf. halbieren, weiße Trennwände und Kerne entfernen, die Hälften in große breite Streifen schneiden. Die Zucchini putzen, waschen und in grobe Streifen schneiden.

2. In einer beschichteten Pfanne 2 EL Olivenöl erhitzen und die Paprikastreifen darin ca. 3 Min. andünsten. Dann die Zucchinistreifen dazugeben und das Gemüse bei mittlerer Hitze weitere 5–7 Min. dünsten, bis es gar, aber noch bissfest ist.

3. Zum Servieren das restliche Öl zum Gemüse geben und untermischen, alles mit Salz und Pfeffer würzen. Nach Belieben mit etwas frischem Rosmarin und Thymian garnieren. Das Antipasti-Gemüse auf Teller verteilen, es schmeckt am besten lauwarm oder abgekühlt.

Nährwerte pro Portion

- ca. 215 kcal
- 2 g Eiweiß
- 21 g Fett
- 5 g Kohlenhydrate

Hüttenkäse-Joghurt-Dip

Für 2 Personen • 5 Min. Zubereitung

200 g körniger Frischkäse (Hüttenkäse)
200 g griech. Joghurt (10 % Fett)
½ Pck. TK-Kräuter (z. B. Schnittlauch)
Salz

1. Frischkäse und Joghurt in eine Schüssel geben und glatt verrühren. Dann die Kräuter und 1 Prise Salz hinzufügen und gut untermischen.

2. Der Hüttenkäse-Joghurt-Dip passt gut zu Bratlingen oder Kartoffeln. Im Kühlschrank ist er ca. 7 Tage haltbar.

Tipp

Mit dem schnellen Dip haben Sie im Nu eine leckere und verträgliche Proteinquelle. Gerne können Sie auch eine größere Menge zubereiten – so lässt sich die tägliche Gemüseportion schnell und einfach mit einer Proteinquelle ergänzen.
Gut zu wissen: Naturjoghurt, Quark und Frischmilch führen bei einigen Betroffenen schon bald nach dem Essen zu Völlegefühl und zeitverzögert zu einem unruhigen Bauch. In diesem Dip sind ausschließlich molkearme und damit gut verträgliche Milchprodukte verarbeitet.

Nährwerte pro Portion

- ca. 220 kcal
- 16 g Eiweiß
- 14 g Fett
- 7 g Kohlenhydrate

Abtropfjoghurt

Für 6 Personen • 10 Min. Zubereitung • 24 Std. Abtropfen

1,5 kg Joghurt (3,5 % Fett)

1. Am Vortag ein Sieb zweifach mit Küchenpapier auslegen und auf eine große Schüssel legen. Den Joghurt auf das Papier in das Sieb geben. Schon nach kurzer Zeit beginnt die Molke in die Schüssel zu tropfen.

2. Den Joghurt mit einem großen Teller abdecken und im Kühlschrank ca. 24 Std. abtropfen lassen. Dabei zwischendurch ein- bis zweimal die in der Schüssel aufgefangene Molke abgießen. Nach 24 Std. hat sich der Joghurt um etwa die Hälfte reduziert.

3. Am nächsten Tag alles aus dem Kühlschrank nehmen, den Teller umgedreht auf das Sieb legen und den kompakten Abtropfjoghurt auf den Teller stürzen. Das Küchenpapier von der Joghurtkuppel abziehen.

4. Den Abtropfjoghurt herzhaft oder auch süß (s. S. 158) servieren. Er hält sich im Kühlschrank gut verschlossen bis zu 7 Tage und ist eine gut verträgliche Proteinquelle.

Nährwerte pro Portion

- ca. 160 kcal
- 8 g Eiweiß
- 9 g Fett
- 10 g Kohlenhydrate

Paprika-Kräuter-Dip

Für 2 Personen • 5 Min. Zubereitung

100 g rote Paprika
150 g griech. Joghurt (10 % Fett)
100 g Kräuterfrischkäse (Doppelrahmstufe)
1 EL Ajvar (erst ab der Testphase)
½ Bund Petersilie
½ Bund Schnittlauch
Salz, Pfeffer

1. Die Paprika waschen, halbieren, weiße Trennwände und Kerne entfernen, die Hälften sehr fein würfeln. Joghurt, Frischkäse und Ajvar mit 5 EL Wasser in eine Rührschüssel geben und mit einem Schneebesen glatt verrühren. Die Paprikawürfel unterheben.

2. Die Kräuter waschen, trocken tupfen, die Petersilienblätter abzupfen und fein hacken, den Schnittlauch in feine Röllchen schneiden. Die Kräuter unter den Paprika-Mix rühren und alles mit Salz und Pfeffer würzen.

Nährwerte pro Portion

- ca. 230 kcal
- 8 g Eiweiß
- 19 g Fett
- 7 g Kohlenhydrate

Variante

Wer **Ziegenfrischkäse** mag, kann daraus ebenfalls einen Dip zubereiten: Für 2 Portionen 200 g Ziegenfrischkäse mit 100 g geraspelter Salatgurke, 2 EL Cranberry- oder Johannisbeersaft (ab der Testphase Zitronensaft), 2 TL geriebenem Meerrettich und etwas Salz mit einem Schneebesen zu einer homogenen Masse verrühren.

Radieschen-Minz-Dip

Für 2 Personen • 10 Min. Zubereitung

80 g Radieschen
5 Minzblätter
50 g Schmand
50 g Kräuterfrischkäse (Doppelrahmstufe)
Salz, Pfeffer

1. Die Radieschen waschen, putzen und in sehr feine Stifte schneiden. Die Minzblätter waschen, trocken tupfen und fein hacken.

2. Den Schmand mit dem Frischkäse in eine kleine Schüssel geben, Radieschen und Minze hinzufügen und unterrühren. Den Dip mit Salz und wenig Pfeffer abschmecken.

Nährwerte pro Portion

- ca. 125 kcal
- 3 g Eiweiß
- 12 g Fett
- 2 g Kohlenhydrate

Variante

Sie mögen es gern exotisch? Dann mischen Sie doch einen **Mango-Curry-Dip** (für 2 Portionen) aus 200 g saurer Sahne, 100 g Mangowürfeln, ½ TL geriebenem Ingwer , 1 EL Cranberry- oder Johannisbeersaft (ab der Testphase Zitronensaft), 1 Prise Salz und 1 TL mildem Currypulver.

Reissalat mit Hähnchen und Melone

Für 2 Personen • 30 Min. Zubereitung

150 g Langkorn- oder Basmati-Reis
Salz
50 g TK-Johannisbeeren (oder TK-Granatapfelkerne)
200 g Hähnchenbrustfilet
200 g Salatgurke
3 EL Öl
Currypulver
200 g Honigmelone

1. Den Reis in einem Topf in Salzwasser nach Packungsanweisung bissfest garen. Anschließend in ein Sieb abgießen und abtropfen lassen. Inzwischen die Johannisbeeren in eine Tasse geben und auftauen lassen.

2. Das Hähnchenbrustfilet in einem Topf in 200 ml Salzwasser einmal aufkochen, dann zugedeckt bei mittlerer Hitze ca. 15 Min. garen. Das Fleisch herausnehmen, abkühlen lassen und in kleine Würfel schneiden.

3. Die Gurke putzen, waschen und der Länge nach halbieren. Mit einem Teelöffel die Kerne entfernen und die Gurke in kleine Würfel schneiden. Reis, Fleisch und Gurke in eine Salatschüssel geben und mischen. Öl, 1 Prise Salz und etwas Currypulver unterrühren.

4. Zum Servieren die Honigmelone schälen, entkernen und klein würfeln. Mit den Johannisbeeren unter den Salat mischen, dann auf tiefe Teller oder Schalen verteilen.

Nährwerte pro Portion

- ca. 600 kcal
- 32 g Eiweiß
- 18 g Fett
- 75 g Kohlenhydrate

Tipp

Sie möchten den Salat gerne für unterwegs mitnehmen? Dann Beeren und Melonenwürfel tiefkühlen und kurz vor Verlassen des Hauses unter den Salat mischen – nach einiger Zeit sind sie aufgetaut und der Salat ist angenehm kühl.

ECHTER
MEALPREP-HIT

Hirsesalat mit Brokkoli und Gouda

Für 2 Personen • 30 Min. Zubereitung

100 g Hirse
Salz
200 g Brokkoli
200 g Blumenkohl
Pfeffer
50 g Kürbiskerne
100 g geriebener junger Gouda
3 EL Öl

1. Die Hirse in einem Sieb abbrausen, in einem Topf in 200 ml Salzwasser zum Kochen bringen und in ca. 7 Min. bissfest garen. Das Wasser sollte dann vollständig verdampft sein. Andernfalls das Wasser abgießen und die Hirse ausdampfen und abkühlen lassen.

2. Den Brokkoli und den Blumenkohl putzen, waschen und in Röschen teilen. Dann alles mit einem Messer klein hacken oder auf der Gemüsereibe grob raspeln. Die Kohlraspel in einer Pfanne mit 100 ml Wasser bei mittlerer Hitze in ca. 5 Min. unter Wenden bissfest garen. Mit Salz und Pfeffer würzen, danach vom Herd nehmen und abkühlen lassen.

3. Die Kürbiskerne in einer Pfanne ohne Fett hell rösten. Herausnehmen, abkühlen lassen und fein hacken. Die Hirse mit dem Gemüse in einer Salatschüssel mischen und den geriebenen Käse unterheben. Zuletzt das Öl untermischen.

4. Zum Servieren die Kürbiskerne unter den Salat mischen und alles auf tiefen Tellern oder in Schalen anrichten.

Nährwerte pro Portion

- ca. 630 kcal
- 31 g Eiweiß
- 37 g Fett
- 43 g Kohlenhydrate

Tipp

Die Hirse lässt sich gut in größeren Mengen vorgaren und dann portionsweise tiefkühlen. Damit haben Sie immer eine schnelle Sättigungsbeilage zur Hand.

IDEAL ZUM
MITNEHMEN

Kartoffelsalat mit Ei

Für 2 Personen • 30 Min. Zubereitung

400 g festkochende Kartoffeln
3 Eier (M)
1 rote Paprika
1 gelbe Paprika
400 g griech. Joghurt (10 % Fett)
1 EL mittelscharfer Senf
1 TL Salz
1 Bund Schnittlauch

Nährwerte pro Portion

- ca. 555 kcal
- 24 g Eiweiß
- 29 g Fett
- 49 g Kohlenhydrate

1. Die Kartoffeln mit der Gemüsebürste gründlich waschen und samt Schale in einem Topf in wenig Wasser weich garen. Anschließend abgießen, ausdampfen und abkühlen lassen. Die Kartoffeln pellen, in Scheiben schneiden und in eine Salatschüssel geben.

2. Währenddessen die Eier hart kochen und abkühlen lassen. Die Paprika waschen, halbieren, weiße Trennwände und Kerne entfernen und die Hälften in kleine Würfel schneiden. Die Paprika zu den Kartoffeln geben und gut untermischen.

3. Für das Dressing den Joghurt mit Senf und Salz glatt verrühren und unter den Salat mischen.

4. Zum Servieren die Eier pellen und vierteln. Den Schnittlauch waschen, trocken tupfen, in feine Röllchen schneiden und über den Salat verteilen. Auf tiefen Tellern oder Schalen anrichten und die Eierviertel daraufsetzen. Der Salat eignet sich sehr gut zum Mitnehmen.

Kartoffelsalat mit Gurke

Für 2 Personen • 30 Min. Zubereitung

400 g festkochende Kartoffeln
100 ml warme Gemüsebrühe (ohne Geschmacksverstärker und Hefeextrakt)
200 g Mozzarella
2 Bund Radieschen
200 g Salatgurke
25 g Pinienkerne
2 EL Öl
1 EL mittelscharfer Senf
1 TL Salz, 1 Bund Dill

Nährwerte pro Portion

- ca. 620 kcal
- 28 g Eiweiß
- 38 g Fett
- 40 g Kohlenhydrate

1. Die Kartoffeln mit der Gemüsebürste gründlich waschen und samt Schale in einem Topf in wenig Wasser weich garen. Anschließend abgießen, ausdampfen und abkühlen lassen. Die Kartoffeln pellen, in Scheiben schneiden und mit der Brühe in eine Salatschüssel geben.

2. Den Mozzarella klein würfeln und zu den Kartoffeln geben. Radieschen putzen, waschen und in dünne Scheiben schneiden. Gurke putzen, waschen, längs halbieren, entkernen und klein würfeln. Das Gemüse zu den Kartoffeln geben und untermischen. Die Pinienkerne in einer Pfanne ohne Fett hell rösten, herausnehmen und abkühlen lassen. Öl, Senf und Salz glatt verrühren und unter den Salat mischen (wer den Salat erst am nächsten Tag isst, salzt erst dann – sonst zieht der Salat Wasser!).

3. Zum Servieren den Dill waschen, trocken tupfen, die Spitzen abzupfen und fein hacken. Den Dill unter den Salat heben und alles auf tiefe Teller oder Schalen verteilen. Zuletzt mit den Pinienkernen bestreuen. Gut zum Mitnehmen!

Salat im Glas

Für 2 Personen • 20 Min. Zubereitung

100 g Couscous
Salz
150 g gelbe Paprika
150 g Zucchini
100 g Staudensellerie
250 g Mini-Mozzarella-kugeln
3 EL Öl
2 EL Cranberrysaft
Pfeffer
2 große Schraubgläser (ca. 500 ml Inhalt)

1. Den Couscous in einem Topf mit 200 ml gesalzenem Wasser einmal aufkochen, dann zugedeckt bei ausgeschalteter Herdplatte ca. 5 Min. quellen lassen. Anschließend abkühlen lassen.

2. Inzwischen die Paprika waschen, halbieren, weiße Trennwände und Kerne entfernen und die Hälften in kleine Würfel schneiden. Die Zucchini und den Sellerie putzen, waschen und ebenfalls klein würfeln. Das Gemüse in einer Salatschüssel mit dem Couscous mischen. Den Mozzarella abtropfen lassen.

3. Für das Dressing das Öl mit dem Cranberrysaft gründlich verrühren und alles mit Salz und Pfeffer würzen. Das Dressing auf die Schraubgläser verteilen und die Mozzarellakugeln daraufsetzen.

4. Zuletzt die Gemüse-Couscous-Mischung auf die Gläser verteilen – dabei nicht umrühren! Den Salat im Glas mitnehmen und bis zum Verzehr kühl stellen.

Nährwerte pro Portion

- ca. 660 kcal
- 32 g Eiweiß
- 40 g Fett
- 42 g Kohlenhydrate

Tipp

Beim Gemüse können Sie jederzeit variieren. Wer nicht direkt aus dem Glas essen möchte, stürzt den Salat zum Essen einfach auf einen tiefen Teller oder in eine Schüssel. Das Dressing verteilt sich auf diese Weise automatisch über alle Salatzutaten.

LÄSST SICH GUT
MITNEHMEN

Senfsauce

Für 2 Personen • 15 Min. Zubereitung

1 Zwiebel
½ Bund Schnittlauch
1 TL Öl
200 g Sahne
2 EL mittelscharfer Senf
Salz

1. Die Zwiebel schälen und in feine Würfel schneiden. Den Schnittlauch waschen, trocken tupfen und in feine Röllchen schneiden.

2. Das Öl in einem kleinen Topf erhitzen und die Zwiebel darin glasig dünsten. Die Sahne und den Senf dazugeben und unterrühren. Die Sauce mit Salz abschmecken und zum Servieren den Schnittlauch unterheben. Sie passt zu Fisch- und Kartoffelgerichten.

Variante

Für eine **schnelle Kräutersauce** (für 2 Portionen) in einem kleinen Topf 200 g Kräuterfrischkäse (Doppelrahmstufe) mit 200 g Sahne oder Milch und etwas Salz glatt rühren und erwärmen. Passt zu jedem gedünsteten Gemüse und puren Salzkartoffeln, gebratenem Fisch, kurz gebratenem Fleisch wie Hähnchenbrustfilet.

Nährwerte pro Portion

- ca. 215 kcal
- 4 g Eiweiß
- 18 g Fett
- 8 g Kohlenhydrate

Paprikasauce

Für 2 Personen • 15 Min. Zubereitung

1 Zwiebel
1 TL Öl
4 EL Ajvar (erst ab der Testphase)
100 g Frischkäse (Doppelrahmstufe)
Salz | Pfeffer

1. Die Zwiebel schälen und in feine Würfel schneiden. Das Öl in einem kleinen Topf erhitzen und die Zwiebel darin glasig dünsten.

2. Ajvar und Frischkäse dazugeben und glatt verrühren. Alles nochmals kurz erhitzen und die Sauce mit Salz und Pfeffer abschmecken. Sie passt zu Nudeln, Reis, Bulgur, Couscous, Hähnchenbrustfilet und gebratenem Fisch.

Nährwerte pro Portion

- ca. 185 kcal
- 3 g Eiweiß
- 17 g Fett
- 5 g Kohlenhydrate

Variante

Ebenfalls sehr würzig ist eine **fruchtige Kokossauce:** Für 2 Portionen einfach 200 g Kokosmilch in einem Topf mit ½ TL geriebenem Ingwer, 50 g klein gewürfelter Mango, Pfirsich oder Melone erhitzen. Die Sauce mit Salz und Currypulver abschmecken und zum Servieren mit ½ Bund gehacktem Koriandergrün garnieren.

Kürbissuppe mit Omelettwürfeln

Für 2 Personen • 45 Min. Zubereitung

400 g Hokkaido-Kürbis
1 Stück Ingwer (1,5 cm lang)
2 mehligkochende Kartoffeln
300 ml Gemüsebrühe (ohne Geschmacksverstärker und Hefeextrakt)
80 g Kokosmilch (oder Sahne)
1 Msp. Zimtpulver
Salz, Pfeffer
Currypulver
4 Eier (M)
4 EL Milch
1 TL Öl

1. Den Kürbis waschen, entkernen und in daumendicke Stücke schneiden. Den Ingwer schälen und fein reiben. Die Kartoffeln schälen und ca. 1 cm groß würfeln.

2. Kürbis, Ingwer, Kartoffeln und Brühe in einem großen Topf aufkochen und zugedeckt in ca. 10 Min. weich garen. Alles im Topf mit dem Pürierstab zu einer sämigen Suppe verarbeiten. Die Kokosmilch unterrühren und die Suppe mit Zimt, Salz, Pfeffer und Curry abschmecken.

3. Währenddessen die Eier mit der Milch und 1 Prise Salz in einer kleinen Schüssel verquirlen. Das Öl in einer beschichteten Pfanne erhitzen und die Eiermasse darin verteilen. Das Omelett zugedeckt bei mittlerer Hitze in ca. 5 Min. stocken lassen, wenden und noch ca. 2 Min. garen.

4. Zum Servieren das Omelett in kleine Würfel schneiden. Die Suppe auf tiefe Teller oder Schalen verteilen und den »schnellen Eierstich« daraufsetzen.

Nährwerte pro Portion

- ca. 410 kcal
- 20 g Eiweiß
- 17 g Fett
- 52 g Kohlenhydrate

Tipp

Pürierte Gemüsesuppen sind eine sehr gut verträgliche Gemüsemahlzeit. Achten Sie jedoch stets darauf, dass die Proteinzufuhr ausreicht. Der »schnelle Eierstich« ist hier eine gute Idee, der auch zu anderen Gemüsesuppen passt.

SÄTTIGT
DANK EIERSTICH

Pastinaken-Käse-Suppe

Für 2 Personen • 30 Min. Zubereitung

250 g Pastinaken
150 g Möhren
1 EL Butterschmalz
100 g mehligkochende Kartoffeln
600 ml Gemüsebrühe (ohne Geschmacksverstärker und Hefeextrakt)
Salz, Pfeffer
70 g junger Gouda
60 g Kräuterfrischkäse (Doppelrahmstufe)

Nährwerte pro Portion

- ca. 345 kcal
- 13 g Eiweiß
- 22 g Fett
- 21 g Kohlenhydrate

1. Pastinaken und Möhren putzen, schälen und klein würfeln. Das Butterschmalz in einem Topf erhitzen und das Gemüse darin ca. 5 Min. andünsten. Inzwischen die Kartoffeln schälen, ebenfalls würfeln und zum Gemüse geben.

2. Die Brühe dazugießen, alles einmal kurz aufkochen und das Gemüse zugedeckt bei kleiner Hitze ca. 10 Min. garen. Dann die Suppe im Topf mit dem Pürierstab fein pürieren, sodass eine cremige Suppe entsteht. Mit Salz und Pfeffer abschmecken.

3. Den Gouda fein reiben und unter Rühren langsam in der Suppe schmelzen. Zum Servieren die Suppe auf tiefe Teller oder Schalen verteilen, den Kräuterfrischkäse daraufsetzen und nur leicht unterrühren.

Tipp

Wer will, kann kurz vor dem Servieren noch 100 g gewürfelten Kochschinken unter die Suppe rühren.

Brokkolicremesuppe

Für 2 Personen • 30 Min. Zubereitung

200 g Kartoffeln
300 g Brokkoliröschen
400 ml Gemüsebrühe (ohne Geschmacksverstärker und Hefeextrakt)
Salz, Pfeffer
frisch geriebene Muskatnuss
½ Bund Koriandergrün
150 g gekochter Schinken
3 EL Sahne

1. Die Kartoffeln schälen, waschen und in Würfel schneiden. Die Brokkoliröschen putzen, waschen und in noch feinere Röschen teilen. Kartoffeln und Brokkoli mit der Brühe in einen Topf geben, das Gemüse aufkochen und zugedeckt bei kleiner Hitze ca. 10 Min. köcheln lassen.

2. Die Suppe im Topf mit dem Pürierstab fein pürieren und mit Salz, Pfeffer sowie Muskat abschmecken.

3. Den Koriander waschen, trocken tupfen und die Blätter abzupfen. Den Schinken fein würfeln und mit dem Koriander zur Suppe geben. Zum Servieren die Sahne unterheben und alles auf Schalen oder tiefe Teller verteilen.

Nährwerte pro Portion

- ca. 195 kcal
- 14 g Eiweiß
- 6 g Fett
- 18 g Kohlenhydrate

Tipp

Ihrem Bauch zuliebe sollten Sie von Blumenkohl und Brokkoli den Stiel möglichst nicht mitessen. Denn vor allem darin befinden sich die blähenden Substanzen.

Lauchcremesuppe mit Geflügel

Für 2 Personen • 30 Min. Zubereitung

500 g Lauch
200 g mehligkochende Kartoffeln
4 EL Öl
800 ml Gemüsebrühe (ohne Geschmacksverstärker und Hefeextrakt)
Salz, Pfeffer
200 g Hähnchenbrustfilet

1. Den Lauch putzen, waschen und in dünne Ringe schneiden. Die Kartoffeln schälen, waschen und in ca. 1 cm große Würfel schneiden.

2. Das Öl in einem Topf erhitzen und den Lauch darin andünsten. Die Kartoffeln dazugeben und kurz mitdünsten. Dann die Brühe dazugießen und alles zugedeckt bei mittlerer Hitze ca. 10 Min. köcheln lassen. Die Suppe im Topf mit dem Pürierstab fein pürieren und mit Salz und Pfeffer abschmecken.

3. Das Hähnchenbrustfilet in sehr feine Streifen schneiden, salzen, pfeffern und in die heiße Suppe geben. Alles nochmals kurz aufkochen und das Fleisch in der Suppe bei kleiner Hitze in ca. 10 Min. gar ziehen lassen. Zum Servieren die Suppe auf tiefe Teller oder Schalen verteilen.

Tipp

Pürierte Gemüsesuppen lassen sich auch in größeren Mengen zubereiten, einfrieren und portionsweise aufwärmen. Da Histaminintolerante in der Regel wenig Möglichkeiten haben, auf zeitsparende Fertiggerichte zurückzugreifen, hilft ein kleiner Vorrat an fertigen Gerichten besonders denen, die wenig Zeit zum Kochen haben. Da aufgewärmtes Fleisch nicht immer verträglich ist, die Fleischeinlage am besten erst kurz vor dem Servieren dazugeben.

Nährwerte pro Portion

- ca. 435 kcal
- 31 g Eiweiß
- 22 g Fett
- 24 g Kohlenhydrate

WÄRMENDER
KLASSIKER

Überbackene Brokkolibrote

Für 2–3 Personen • 20 Min. Zubereitung • 10 Min. Backen

400 g Brokkoli
Salz, Pfeffer
4 Scheiben Brot
80 g Kräuterfrischkäse (Doppelrahmstufe)
120 g Mozzarella
2 EL Pinienkerne

1. Den Backofen auf 200° vorheizen. Ein Backblech mit Backpapier belegen.

2. Den Brokkoli putzen, waschen und in Röschen teilen. In einem Topf in 300 ml gesalzenem Wasser erhitzen und zugedeckt in ca. 10 Min. bissfest garen. In ein Sieb abgießen und abtropfen lassen, dann mit Salz und Pfeffer würzen.

3. Die Brotscheiben im Toaster rösten, abkühlen lassen und mit dem Kräuterfrischkäse bestreichen. Den Mozzarella abtropfen lassen und grob raspeln (alternativ in dünne Scheiben oder kleine Würfel schneiden).

4. Die Brotscheiben nebeneinander auf das Blech legen und den Brokkoli darauf verteilen. Den Mozzarella und die Pinienkerne darüberstreuen und die Gemüsebrote im Ofen (Mitte, Umluft 180°) in ca. 10 Min. überbacken. Zum Servieren aus dem Ofen nehmen und auf Tellern anrichten.

Tipp

Auch Gemüsereste vom Vortag lassen sich nach diesem Rezept zu einer schnellen und leckeren Mahlzeit verarbeiten. Sie haben nur einmal am Tag Zeit, eine Gemüsemahlzeit zuzubereiten? Dann garen Sie einfach eine doppelte Portion Gemüse und überbacken davon eine Portion mit Käse. Dadurch ist eine ausreichende Versorgung mit Gemüse und Protein sichergestellt.

Nährwerte pro Portion

- ca. 385 kcal
- 20 g Eiweiß
- 19 g Fett
- 34 g Kohlenhydrate

IDEAL FÜR
ÜBRIGES GEMÜSE

Ziegenkäsetörtchen

Für 12 Törtchen • 20 Min. Zubereitung • 15 Min. Backen

200 g Weizenmehl (Type 405)
100 g Butter
4 EL Milch
Salz
1 Ei (M)
100 g Crème fraîche
200 g Ziegenfrischkäse
6 kleine Zweige Thymian
Pfeffer
3 EL flüssiger Honig

Außerdem
12er-Muffinform
Butter für die Form
Hülsenfrüchte zum Blindbacken

1. Den Backofen auf 200° vorheizen. Die Mulden der Muffinform leicht einfetten. Mehl, Butter, Milch und 1 TL Salz in eine Rührschüssel geben und mit den Knethaken des Handrührgeräts zu einem kompakten Teig verkneten. Den Teig in zwölf gleich große Stücke teilen und jedes Teigstück auf der leicht bemehlten Arbeitsfläche zu einem runden Teigfladen (Ø 12 cm) ausrollen (Bild 1).

2. Die Teigkreise in die Mulden legen, sodass der Teig auch die Muldenränder bedeckt, und leicht andrücken. Die Teigböden jeweils mit einem Stück Backpapier belegen und mit Hülsenfrüchten befüllen – die Ecken jedes Papierstücks sollten über den Formrand hinausstehen (Bild 2). Die Böden im Ofen (Mitte) ca. 5 Min. blind backen.

3. Inzwischen Ei, Crème fraîche und Ziegenfrischkäse in eine Schüssel geben und mit den Rührbesen des Handrührgeräts gründlich verrühren. Den Thymian waschen, trocken tupfen und die Blätter abzupfen, zum Frischkäseguss geben und gut unterrühren, salzen und pfeffern.

4. Die Böden aus dem Ofen nehmen, Backpapier und Hülsenfrüchte entfernen, indem Sie die Papierstücke an den Ecken fassen und herausheben (Bild 3). Die Frischkäsemasse in die vorgebackenen Mürbeteigtörtchen geben, diese wieder in den Ofen schieben und in ca. 10 Min. fertig backen. Die Törtchen herausnehmen und ca. 5 Min. in der Form ruhen lassen, dann aus den Mulden lösen und mit dem Honig beträufelt servieren.

Nährwerte pro Stück

- ca. 230 kcal
- 5 g Eiweiß
- 15 g Fett
- 17 g Kohlenhydrate

FÜRS PARTY-
BÜFETT

Gemüse-Kartoffel-Omelett

Für 2 Personen • 20 Min. Zubereitung

100 g Möhren
100 g gegarte (vorwiegend) festkochende Kartoffeln (vom Vortag)
100 g TK-Erbsen
Salz, Pfeffer
frisch geriebene Muskatnuss
4 Eier (M)
50 ml Milch
2 EL Öl
½ Bund Schnittlauch

1. Die Möhren putzen, schälen und auf der Gemüsereibe grob raspeln. Die Kartoffeln pellen und ebenfalls grob raspeln, dann zu den Möhren geben. Die Erbsen hinzufügen und das Gemüse mit Salz, Pfeffer und Muskatnuss würzen.

2. Die Eier mit der Milch zum Gemüse geben und alles gründlich mischen. 1 EL Öl in einer beschichteten Pfanne erhitzen und die Hälfte der Gemüse-Eier-Masse in die Pfanne geben. Alles bei mittlerer Hitze in ca. 5 Min. stocken lassen, dabei nicht wenden.

3. Das Omelett noch in der Pfanne mittig zusammenlegen, sodass ein Halbkreis entsteht. Herausnehmen und warm halten. Aus der übrigen Gemüse-Eier-Masse im restlichen Öl ein zweites Omelett garen.

4. Zum Servieren den Schnittlauch waschen, trocken tupfen und in feine Röllchen schneiden. Die Omeletts auf Teller setzen und mit dem Schnittlauch garnieren.

Nährwerte pro Portion

- ca. 370 kcal
- 20 g Eiweiß
- 24 g Fett
- 18 g Kohlenhydrate

Tipp

Gemüse vom Vortag übrig? Dann lässt sich daraus nach dem Rezept schnell ein gemüse- und proteinreiches Omelett zubereiten. Dazu passt der Rote-Bete-Salat von S. 70.

BLITZREZEPT
FÜR HUNGRIGE

Pizza bianca

Für 1 Blech (6 Stück) • 30 Min. Zubereitung • 15 Min. Backen

300 g Mehl
1 TL Salz
10 g frische Hefe
(¼ Würfel)
200 g Schmand
1 Zwiebel
2 rote Paprika
200 g Zucchini
300 g Mozzarella
Öl für das Blech
Mehl zum Arbeiten

1. Mehl und Salz in einer Schüssel mischen. Die Hefe klein bröseln und mit 250 ml lauwarmem Wasser unterrühren. Alles mit den Knethaken des Handrührgeräts oder der Küchenmaschine zu einem weichen Hefeteig verarbeiten.

2. Den Backofen auf 200° vorheizen. Ein Backblech mit Öl einfetten. Den Teig auf der leicht bemehlten Arbeitsfläche rechteckig ausrollen, auf das Blech legen und mit Schmand bestreichen. Zwiebel schälen und in feine Ringe schneiden. Paprika waschen, halbieren, weiße Trennwände und Kerne entfernen, Hälften in dünne Streifen schneiden. Zucchini putzen, waschen und in dünne Scheiben schneiden.

3. Den Mozzarella in Scheiben schneiden. Die Pizza mit Gemüse und Käse belegen und im Ofen (Mitte) ca. 15 Min. backen. Herausnehmen und in Stücke schneiden.

Nährwerte pro Stück

- ca. 425 kcal
- 17 g Eiweiß
- 20 g Fett
- 41 g Kohlenhydrate

Tipp

Die »weiße Pizza« enthält keine Tomatensauce und lässt sich heutzutage schon in vielen Restaurants bestellen.

Haferfladen mit Wirsing

Für 2 Personen • 30 Min. Zubereitung

500 g Wirsing
Salz
80 g gekochter Schinken
50 g Schmand
Pfeffer
100 g zarte Haferflocken
½ TL Backpulver
50 g Magerquark
2 Eier (M)
6 EL Schnittlauchröllchen
1 EL Öl

Nährwerte pro Portion

- ca. 510 kcal
- 32 g Eiweiß
- 23 g Fett
- 37 g Kohlenhydrate

1. Den Wirsing putzen, waschen und den harten Strunk entfernen. Die Blätter in feine Streifen schneiden und in einem Topf in 150 ml Salzwasser ca. 15 Min. garen. Das Wasser sollte dann verkocht sein, sonst das Wasser abgießen. Inzwischen den Schinken klein würfeln. Mit dem Schmand unter den Wirsing rühren, salzen und pfeffern.

2. Haferflocken und Backpulver in einer Schüssel mischen. Quark und Eier dazugeben und gründlich unterrühren. 50 ml Wasser untermischen und die Masse ca. 15 Min. quellen lassen. Die Hälfte des Schnittlauchs unter den Teig mischen und alles mit Salz und Pfeffer würzen.

3. In einer Pfanne je ½ EL Öl erhitzen und die Hälfte der Masse darin bei mittlerer Hitze zu einem Fladen backen. Dabei nach ca. 2 Min. Garzeit den Fladen wenden. Zum Servieren die Haferfladen mit dem Wirsing auf Tellern anrichten und mit dem übrigen Schnittlauch bestreuen.

Pfannkuchenröllchen

Für 4 Personen • 1 Std. Zubereitung

Für den Teig
200 g Mehl
150 ml Milch
2 Eier (M)
1 TL Salz, 1 EL Öl

Für die Zucchinifüllung
150 g Zucchini
100 g Ziegenfrischkäse
1 TL geriebener Meerrettich (aus dem Glas)
9 Scheiben Roastbeef
Salz, Pfeffer

Für die Spargelfüllung
9 Stangen weißer Spargel
3 EL Schmand
Pfeffer
edelsüßes Paprikapulver
3 große Scheiben gekochter Schinken
Salz

Nährwerte pro Portion

- ca. 440 kcal
- 27 g Eiweiß
- 19 g Fett
- 40 g Kohlenhydrate

1. Für den Teig das Mehl in eine Rührschüssel geben und die Milch sowie 200 ml Wasser langsam mit einem Schneebesen unterschlagen. Es sollte ein dickflüssiger Pfannkuchenteig ohne Klümpchen entstehen. Dann Eier und Salz dazugeben und gründlich unterrühren. Wenig Öl in einer beschichteten Pfanne erhitzen und nacheinander bei mittlerer Hitze sechs dünne Pfannkuchen auf jeder Seite ca. 2 Min. backen.

2. Für die Zucchinifüllung die Zucchini putzen, waschen und grob raspeln. Den Frischkäse mit dem Meerrettich in einer kleinen Schüssel mit einer Gabel gründlich mischen. Drei Pfannkuchen mit dem Frischkäse-Mix bestreichen und mit Roastbeef belegen. Die Zucchiniraspel daraufstreuen, salzen und pfeffern und die Pfannkuchen aufrollen. Die Rollen in ca. 3 cm dicke Scheiben schneiden.

3. Für die Spargelfüllung den Spargel waschen, schälen und die holzigen Enden abschneiden. In einem großen Topf reichlich Salzwasser aufkochen und den Spargel darin zugedeckt 10–15 Min. garen, dann in ein Sieb abgießen und abkühlen lassen.

4. Den Schmand auf die drei restlichen Pfannkuchen glatt verstreichen und mit Salz, Pfeffer und Paprikapulver bestreuen. Auf jeden Pfannkuchen 1 Scheibe Schinken legen, je 3 Stangen Spargel darauflegen und die Pfannkuchen aufrollen. Die Rollen in 3 cm dicke Scheiben schneiden. Zum Servieren die Röllchen auf Tellern anrichten.

KINDER-
LIEBLING

Pfannenpizza

Für 2 Personen • 20 Min. Zubereitung

125 g Mehl
½ TL Backpulver
½ TL Salz
190 ml Milch
1 Ei (M)
150 g rote Paprika
100 g gekochter Schinken
60 g junger Gouda
1 EL Öl
1 Handvoll Rucola

1. Mehl, Backpulver und Salz in einer Rührschüssel mischen. Die Milch langsam dazugeben und mit einem Schneebesen unterschlagen, sodass ein klümpchenfreier Pfannkuchenteig entsteht. Das Ei hinzufügen und mit dem Schneebesen unter den Teig rühren. Anschließend den Pfannkuchenteig zugedeckt ca. 10 Min. quellen lassen.

2. Währenddessen die Paprika waschen, halbieren, weiße Trennwände und Kerne entfernen, die Hälften in sehr kleine Würfel schneiden. Den Schinken klein würfeln. Den Gouda fein reiben.

3. In einer beschichteten Pfanne ½ EL Öl erhitzen. Die Hälfte des Pfannkuchenteigs in die Pfanne geben und mit jeweils der Hälfte der Paprikawürfel, des Schinkens und des geriebenen Käses bestreuen.

4. Die Pfannenpizza zugedeckt bei kleiner Hitze in 6–8 Min. garen, dabei nicht wenden. Die fertige Pizza aus der Pfanne heben – dazu am besten halbieren oder vierteln – und warm halten. Auf die gleiche Art und Weise eine zweite Pizza backen.

5. Zum Servieren den Rucola verlesen, waschen und trocken tupfen, dabei grobe Stiele entfernen. Die Pizzas auf Tellern anrichten und mit Rucola garnieren.

Nährwerte pro Portion

- ca. 520 kcal
- 33 g Eiweiß
- 21 g Fett
- 51 g Kohlenhydrate

SCHNELLE
PIZZA-ALTERNATIVE

Gemüse-Tortilla

Für 1 Blech (6 Stück) • 30 Min. Zubereitung • 30 Min. Backen

1 Stange Lauch
350 g Möhren
400 g festkochende Kartoffeln
300 g Paprika
350 g TK-Erbsen
6 Eier (M)
2 TL Salz
2 EL Currypulver
300 g Sahne
5 EL Speisestärke (oder Mehl)
1 TL Backpulver
250 g geriebener junger Gouda

1. Den Backofen auf 180° (Umluft) vorheizen. Den Lauch putzen, waschen und in dünne Ringe schneiden. Möhren und Kartoffeln putzen, schälen und auf der Gemüsereibe grob raspeln. Die Paprika waschen, halbieren, weiße Trennwände und Kerne entfernen, die Hälften in kleine Würfel schneiden. Alles mit den TK-Erbsen auf ein tiefes Backblech geben und mischen.

2. Für den Guss Eier, Salz, Curry und Sahne in eine Schüssel geben und glatt verrühren. Speisestärke und Backpulver hinzufügen und mit dem Schneebesen so lange gründlich untermischen, bis keine Klümpchen mehr zu sehen sind.

3. Den Guss gleichmäßig über das Gemüse auf dem Blech verteilen. Die Gemüsemischung leicht andrücken, sodass ein kompakter Gemüseboden entsteht. Die Tortilla im Ofen (Mitte) ca. 20 Min. vorbacken.

4. Dann das Blech herausnehmen, den Gouda gleichmäßig über die Tortilla streuen und die Gemüse-Tortilla im Ofen in ca. 15 Min. fertig backen. Zum Servieren aus dem Ofen nehmen und in Stücken auf Tellern anrichten.

Nährwerte pro Portion

- ca. 450 kcal
- 28 g Eiweiß
- 22 g Fett
- 35 g Kohlenhydrate

Tipp

Dazu passt der Kräuterdip von dem Rezept auf S. 130. Mit der Tortilla können Sie auf einfache Weise einen Vorrat für den nächsten Tag zubereiten.

LÄSST SICH GUT
VORBEREITEN

Spargel-Bärlauch-Quiche

Für 1 Springform (Ø 26 cm, 4 Stück) •
20 Min. Zubereitung • 30 Min. Backen

Für den Teig
200 g Mehl
100 g Butter
4 EL Milch
1 Msp. Salz
1 TL Butter
Butter für die Form
Mehl zum Arbeiten

Für den Belag
350 g grüner Spargel
150 g Pastinaken
1 EL Öl
100 g Sahne
2 Eier (M)
Salz, Pfeffer
8 Bärlauchblätter

1. Den Backofen auf 200° vorheizen. Die Springform leicht mit Butter einfetten. Für den Teig Mehl, Butter, Milch und Salz in eine Rührschüssel geben und mit den Knethaken des Handrührgeräts zu einem kompakten Teig verkneten. Auf der leicht bemehlten Arbeitsfläche ausrollen und die Form damit auskleiden. Den Boden mit einer Gabel mehrmals einstechen und im Ofen (Mitte) ca. 15 Min. vorbacken. Herausnehmen und auf einem Kuchengitter beiseitestellen, die Backofentemperatur auf 175° reduzieren.

2. Inzwischen für den Belag den Spargel waschen und im unteren Drittel schälen, die harten Enden abschneiden. Die Stangen in ca. 2 cm lange Stücke schneiden. Die Pastinaken waschen, schälen, der Länge nach halbieren und quer in dünne Scheiben schneiden. Das Gemüse in einer Pfanne im Öl ca. 10 Min. vorgaren, dann auf dem Boden verteilen.

3. Für den Guss Sahne und Eier verquirlen, salzen und pfeffern. Den Bärlauch waschen, trocken tupfen, fein hacken und über das Gemüse verteilen. Den Eier-Sahne-Guss darübergeben und die Quiche im Ofen (Mitte) in ca. 15 Min. fertig backen. Zum Servieren herausnehmen und in Stücken auf Tellern anrichten.

Tipp

Das 1,5-fache Rezept ergibt ein Backblech (ca. 30 × 40 cm). Damit ist die Quiche super als »TK-Fertiggericht« für Tage, an denen die Zeit zum Frischkochen fehlt.

Nährwerte pro Stück

- ca. 520 kcal
- 12 g Eiweiß
- 32 g Fett
- 44 g Kohlenhydrate

LECKERER
FRÜHJAHRSGENUSS

Gemüsekuchen vom Blech

Für 1 Blech (6 Stück) • 20 Min. Zubereitung • 55 Min. Backen

Für den Teig
300 g Mehl
120 g Butter
7 EL Milch
1 TL Salz
Butter für das Blech

Für den Belag
150 g Brokkoliröschen (ohne Stiele)
je 100 g rote und gelbe Paprika
370 g Schmand
300 g Kräuterfrischkäse (Doppelrahmstufe)
5 Eier (M)
Salz, Pfeffer

1. Den Backofen auf 180° vorheizen. Ein Backblech mit Butter leicht einfetten oder mit Backpapier belegen. Für den Teig Mehl, Butter, Milch und Salz in eine Rührschüssel geben und mit den Knethaken des Handrührgeräts zu einem kompakten Teig verkneten.

2. Den Mürbeteig auf der leicht bemehlten Arbeitsfläche etwas größer als das Blech ausrollen, auf das Backblech legen, dabei einen ca. 2 cm hohen Rand formen. Den Boden mehrmals mit einer Gabel einstechen und im Ofen (Mitte) ca. 15 Min. vorbacken.

3. Für den Belag den Brokkoli putzen und waschen. (Verwenden Sie die Stiele bitte nicht mit, da sich vor allem darin die blähenden Substanzen befinden.) Die Paprika waschen, halbieren, weiße Trennwände und Kerne entfernen, die Hälften in Streifen schneiden.

4. Den vorgebackenen Boden aus dem Ofen nehmen und das Gemüse darauf verteilen. Schmand, Kräuterfrischkäse und Eier in einer kleinen Rührschüssel verrühren. Den Guss mit Pfeffer und Salz abschmecken und über dem Gemüse gleichmäßig verteilen.

5. Das Blech wieder in den Backofen schieben und den Gemüsekuchen in 30–40 Min. fertig backen, bis der Guss gestockt ist und eine goldbraune Farbe hat. Den Gemüsekuchen aus dem Ofen nehmen, vor dem Servieren kurz ruhen lassen und in Stücken auf Tellern anrichten.

Nährwerte pro Portion

- ca. 675 kcal
- 18 g Eiweiß
- 49 g Fett
- 41 g Kohlenhydrate

BESONDERS
VITAMINREICH

Gemüse mit Mandelhaube

Für 2 Personen • 25 Min. Zubereitung • 15 Min. Backen

Für das Gemüse
1 Zwiebel
200 g Möhren
150 g Staudensellerie (ohne Grün)
100 g Zuckerschoten
50 g junger Gouda
1 EL Öl
Salz, Pfeffer
100 g Sahne
50 ml Milch
frisch geriebene Muskatnuss

Für die Streusel
70 g gehackte Mandeln
50 g Speisestärke (oder Mehl)
1 Msp. Salz
50 g weiche Butter

1. Die Zwiebel schälen und fein würfeln. Möhren putzen und schälen. Sellerie putzen, waschen und bei Bedarf entfädeln. Beides in Stifte schneiden. Zuckerschoten putzen, waschen und schräg halbieren. Den Gouda reiben.

2. Das Öl in einer Pfanne erhitzen und die Zwiebel darin ca. 3 Min. andünsten. Das vorbereitete Gemüse mit 4 EL Wasser hinzufügen und alles zugedeckt bei mittlerer Hitze 5–8 Min. dünsten. Anschließend bei Bedarf noch vorhandene Flüssigkeit abgießen und das Gemüse mit Salz und Pfeffer würzen.

3. Den Backofen auf 200° vorheizen. Das Gemüse in einer kleinen Auflaufform verteilen. Käse, Sahne und Milch in einer kleinen Schüssel mischen und mit Muskatnuss und Salz kräftig würzen. Den Guss über das Gemüse gießen und alles gründlich mischen.

4. Für die Streusel Mandeln, Speisestärke und Salz in eine Schüssel geben und mischen. Die Butter in Würfeln dazugeben und alle Zutaten gründlich mit den Händen oder den Knethaken des Handrührgeräts verkneten. Den Teig zwischen den Händen zu Streuseln zerdrücken.

5. Die Teigstreusel gleichmäßig auf dem Gemüse verteilen und alles im Ofen (Mitte) ca. 15 Min. backen, bis die Oberfläche leicht gebräunt ist. Zum Servieren den Auflauf aus dem Ofen nehmen und auf Tellern anrichten.

Nährwerte pro Portion

- ca. 825 kcal
- 19 g Eiweiß
- 68 g Fett
- 36 g Kohlenhydrate

SCHMECKT
AUCH GEMÜSE-
MUFFELN

Kartoffel-Kohlrabi-Auflauf

Für 2 Personen • 40 Min. Zubereitung • 20 Min. Backen

400 g vorwiegend festkochende Kartoffeln
300 g Kohlrabi (erst ab der Testphase)
100 g Möhren
1 EL Öl
100 g Sahne
50 ml Milch
1 TL Gemüsebrühe (Instant; ohne Geschmacksverstärker und Hefeextrakt)
Salz, Pfeffer
frisch geriebene Muskatnuss
75 g junger Gouda
Butter für die Form

Nährwerte pro Portion

- ca. 550 kcal
- 17 g Eiweiß
- 39 g Fett
- 32 g Kohlenhydrate

1. Kartoffeln mit der Gemüsebürste gründlich waschen und samt Schale in einem Topf in wenig Wasser weich garen.

2. Inzwischen den Kohlrabi schälen, vierteln und in dünne Scheiben schneiden. Die Möhren putzen, schälen und in dünne Scheiben schneiden. Das Öl in einer Pfanne erhitzen und die Kohlrabi- und Möhrenscheiben darin ca. 3 Min. dünsten, bis das Gemüse nahezu gar, aber noch sehr bissfest ist. Den Backofen auf 200° vorheizen. Eine kleine Auflaufform mit Butter einfetten.

3. Die Kartoffeln abgießen, kurz ausdampfen lassen, pellen und in Scheiben schneiden. Erst die Kartoffelscheiben, dann das Kohlrabi-Möhren-Gemüse in der Form verteilen.

4. Sahne, Milch, Gemüsebrühe, Salz, Pfeffer und Muskatnuss in einer Schüssel mit dem Schneebesen glatt verrühren. Den Guss gleichmäßig auf dem Gemüse verteilen. Den Käse grob reiben.

5. Den Auflauf mit dem Käse bestreuen und im Ofen (Mitte) in ca. 20 Min. goldbraun backen. Herausnehmen und vor dem Servieren kurz ruhen lassen.

Tipp

Wer mag, kann noch 200 g Hackfleisch mit dem Gemüse anbraten und unter den Auflauf mischen. So wird der Auflauf etwas gehaltvoller, ist aber nicht mehr vegetarisch.

PRIMA
VORZUBEREITEN

Schneller Nudelauflauf

Für 2 Personen • 20 Min. Zubereitung • 15 Min. Backen

150 g Rigatoni (oder andere kurze Nudeln)
Salz
1 Zwiebel
1 EL Öl
400 g gemischtes TK-Gemüse (z. B. Leipziger Allerlei)
150 g Sahne
1 EL gemischte TK-Kräuter
Pfeffer
125 g Mozzarella

1. Die Nudeln in einem Topf in reichlich kochendem Salzwasser nach Packungsanweisung bissfest garen.

2. Inzwischen die Zwiebel schälen und fein würfeln. Das Öl in einer Pfanne erhitzen und die Zwiebel darin glasig dünsten. Das TK-Gemüse dazugeben und bei mittlerer bis starker Hitze ca. 10 Min. garen.

3. Den Backofen auf 200° vorheizen. Die Nudeln in ein Sieb abgießen, abtropfen lassen und mit der Gemüsemischung in einer kleinen Auflaufform mischen.

4. Die Sahne mit Kräutern, Salz und Pfeffer abschmecken und auf der Nudel-Gemüse-Mischung verteilen. Den Mozzarella abtropfen lassen, in dünne Scheiben schneiden und den Auflauf damit belegen.

5. Den Auflauf im Ofen (Mitte) in ca. 15 Min. überbacken, bis die Oberfläche leicht gebräunt ist. Zum Servieren aus dem Ofen nehmen und auf Tellern anrichten.

Nährwerte pro Portion

- ca. 780 kcal
- 28 g Eiweiß
- 42 g Fett
- 67 g Kohlenhydrate

Tipp

Nehmen Sie für den Auflauf einfach Ihre Lieblingsgemüsemischung aus dem Tiefkühlfach. Auch Gemüsereste vom Vortag eignen sich, einfach mit den Nudeln gemischt überbacken – das Rezept ist ideal zur Resteverwertung.

ABSOLUT
FAMILIENTAUGLICH

Spaghetti mit Paprikasugo

Für 2 Personen • 30 Min. Zubereitung

120 g Spaghetti
Salz
1 Zwiebel
1 ½ rote Paprika
2 EL Olivenöl
1 EL Ajvar (erst ab der Testphase)
60 g Sahne
Pfeffer
250 g Mozzarella

Nährwerte pro Portion

- ca. 740 kcal
- 32 g Eiweiß
- 46 g Fett
- 48 g Kohlenhydrate

1. Die Nudeln in reichlich kochendem Salzwasser nach Packungsanweisung bissfest garen. Inzwischen Zwiebel schälen und fein würfeln. Die Paprika waschen, halbieren, weiße Trennwände und Kerne entfernen, die Paprika klein würfeln.

2. Die Zwiebel in einer Pfanne im Öl glasig andünsten. Die Paprika dazugeben und alles noch ca. 5 Min. dünsten. Dann Ajvar und Sahne untermischen und die Sauce mit Salz und Pfeffer abschmecken.

3. Den Mozzarella fein würfeln. Die Nudeln in ein Sieb abgießen, abtropfen lassen und in der Pfanne mit der Sauce und dem gewürfelten Mozzarella mischen. Die Pasta nochmals abschmecken und auf Tellern anrichten.

Tipp

Ajvar ist für Histaminintolerante eine gute Alternative zu Tomatenmark, das sehr schlecht verträglich ist. Allerdings enthält es oft kleine Mengen an Auberginen und Essig – verwenden Sie Ajvar daher erst ab der Testphase!

Gnocchi mit Gemüse

Für 2 Personen • 30 Min. Zubereitung

1 Zwiebel
200 g Möhren
200 g Blumenkohl
1 ½ EL Öl
50 g Schmand
2 EL Milch
Salz, Pfeffer
60 g Butterkäse
250 g Gnocchi (aus dem Kühlregal)

1. Die Zwiebel schälen und fein würfeln. Möhren putzen, schälen und in dünne Scheiben schneiden. Den Blumenkohl putzen, waschen und in Röschen teilen.

2. In einer Pfanne ½ EL Öl erhitzen und die Zwiebeln darin kurz andünsten. Gemüse dazugeben, 100 ml Wasser angießen und alles noch wenige Min. garen, bis das Gemüse bissfest ist. Schmand und Milch hinzufügen, alles gründlich mischen und kurz aufkochen. Mit Salz und Pfeffer würzen.

3. Den Butterkäse grob raspeln und unter die fertige Sauce ziehen, dabei nicht mehr aufkochen. Zum Servieren die Gnocchi in einer weiteren Pfanne im übrigen Öl bei mittlerer Hitze unter Wenden goldgelb braten. Dann mit der Sauce auf Tellern anrichten.

Nährwerte pro Portion

- ca. 470 kcal
- 18 g Eiweiß
- 19 g Fett
- 56 g Kohlenhydrate

Tipp

Gnocchi aus Kartoffeln sind eine gute und schnelle Alternative zu Nudeln. Achten Sie bitte darauf, dass ihnen keine Konservierungsstoffe zugesetzt sind.

Gebackenes Püree mit Zuckerschoten

Für 2 Personen • 25 Min. Zubereitung • 35 Min. Backen

400 g mehligkochende Kartoffeln
Salz
100 g Möhren
150 g Zuckerschoten
1 EL Öl
2 Eier (M)
125 ml Milch
Pfeffer
50 g geriebener Butterkäse
Butter und 1 EL Semmelbrösel für die Form

1. Die Kartoffeln waschen, schälen und grob würfeln. Dann in einem Topf in Salzwasser zugedeckt bei mittlerer Hitze ca. 10 Min. garen. Inzwischen die Möhren putzen, schälen und in feine Würfel schneiden. Die Zuckerschoten waschen und trocken tupfen. Das Öl in einem kleinen Topf erhitzen und Möhrenwürfel und Zuckerschoten darin zugedeckt bei mittlerer Hitze in ca. 10 Min. bissfest garen.

2. Den Backofen auf 150° (Umluft) vorheizen. Eine kleine Auflaufform einfetten und mit Semmelbröseln ausstreuen. Die Eier trennen, die Eiweiße in einer Rührschüssel mit den Rührbesen des Handrührgeräts steif schlagen. Die Eigelbe mit der Milch verquirlen, salzen und pfeffern.

3. Die Kartoffeln abgießen, kurz ausdampfen lassen und im Topf mit dem Kartoffelstampfer zerdrücken. Die Milch-Eigelb-Masse unterrühren und das Zuckerschoten-Möhren-Gemüse unter die Kartoffelmasse mischen. Zuletzt den Eischnee unterheben.

4. Die Masse in der Form verteilen, mit Käse bestreuen und im Ofen (Mitte) in ca. 35 Min. goldbraun backen. Den Auflauf aus dem Ofen nehmen und kurz ruhen lassen.

Tipp

Wer mag, mischt unter die Kartoffelmasse zusätzlich noch 150 g leicht angebratenes Hackfleisch.

Nährwerte pro Portion

- ca. 475 kcal
- 18 g Eiweiß
- 26 g Fett
- 42 g Kohlenhydrate

LUFTIGER
GAUMENSCHMAUS

Möhren-Hafer-Bällchen mit Feldsalat

Für 2 Personen • 30 Min. Zubereitung

1 Zwiebel
150 g Möhren
80 g junger Gouda
2 Eier (M)
120 g Haferkleie
1 TL mittelscharfer Senf
Salz, Pfeffer
1 EL Butterschmalz
200 g Feldsalat
1 EL Öl
2 EL Granatapfelkerne (frisch oder TK)
200 g saure Sahne
Currypulver

1. Die Zwiebel schälen und fein würfeln. Die Möhren putzen, schälen und auf der Gemüsereibe fein raspeln. Den Gouda fein reiben. Alle drei in eine Schüssel geben und mischen. Eier, Haferkleie und Senf unterrühren und die Masse mit Salz und Pfeffer würzen.

2. Aus der Masse mit angefeuchteten Händen etwa hühnereigroße Bällchen formen. Das Butterschmalz in einer Pfanne erhitzen und die Bällchen darin bei mittlerer Hitze in ca. 10 Min. rundum goldgelb braten. Herausnehmen und auf Küchenpapier abtropfen lassen.

3. Den Feldsalat verlesen, waschen und trocken schütteln, dabei grobe Stiele entfernen. Mit dem Öl mischen, leicht salzen und die Granatapfelkerne untermischen. Zum Servieren die saure Sahne mit Salz und Currypulver abschmecken. Die Bällchen mit dem Salat auf Tellern anrichten und den Dip dazureichen.

Tipp

Wenn Sie die leckeren Bällchen gleich in größerer Menge zubereiten, lassen sie sich für den Vorrat einfrieren. Damit haben Sie auch spontan eine leckere, gesunde und gut verträgliche Mahlzeit griffbereit. Einfach auftauen lassen und nochmals in der Mikrowelle erwärmen. Gut zu wissen: Haferkleie enthält besonders viele lösliche Ballaststoffe und wirkt im Darm damit wunderbar präbiotisch.

Nährwerte pro Portion

- ca. 755 kcal
- 34 g Eiweiß
- 49 g Fett
- 40 g Kohlenhydrate

IDEAL FÜR DEN
VORRAT

Kartoffelstäbchen mit Ketchup und Halloumi

Für 2 Personen • 45 Min. Zubereitung

Für das Ketchup
1 Zwiebel
80 g Möhre
180 g rote Paprika
1 EL Öl
1 EL Cranberrysaft
½ TL Salz
Pfeffer
1 TL Currypulver

Außerdem
300 g festkochende Kartoffeln
300 g Süßkartoffeln
2 EL Öl
½ TL Salz
200 g Halloumi (Grillkäse)

Nährwerte pro Portion

- ca. 730 kcal
- 28 g Eiweiß
- 42 g Fett
- 61 g Kohlenhydrate

1. Für das Ketchup die Zwiebel schälen und fein würfeln. Die Möhre putzen, schälen und klein würfeln. Die Paprika waschen, halbieren, weiße Trennwände und Kerne entfernen, die Hälften klein würfeln. Das Gemüse in einer Pfanne im Öl bei mittlerer Hitze ca. 10 Min. garen. Dann alles in einen hohen Rührbecher geben und mit dem Pürierstab fein pürieren. Mit Saft, Salz, Pfeffer und Currypulver würzen, dann das Ketchup abkühlen lassen.

2. Für die Kartoffelstäbchen den Backofen auf 200° vorheizen. Ein Backblech mit Backpapier belegen. Kartoffeln und Süßkartoffeln schälen, waschen und in fingerdicke Stifte schneiden. In einer Schüssel mit Öl und Salz mischen. Die Kartoffelstäbchen auf dem Blech verteilen und im Ofen (Mitte) ca. 10 Min. backen, dabei einmal wenden.

3. Den Halloumi halbieren und nach ca. 10 Min. Garzeit mit auf das Blech legen, alles in ca. 10 Min. fertig garen. Zum Servieren Stäbchen und Käse aus dem Ofen nehmen und mit dem Ketchup auf Tellern anrichten.

Tipp

Fertige Pommes-Gewürzmischungen enthalten häufig Glutamat und werden daher von sehr vielen nicht gut vertragen. TK-Pommes sind ungewürzt und eine gute Alternative. Wenn Sie außer Haus Pommes essen, bitten Sie darum, dass diese nur mit Salz gewürzt werden.

POMMES
DE LUXE

Möhrenrösti mit Dip

Für 2 Personen • 30 Min. Zubereitung

400 g Kartoffeln (oder Süßkartoffeln)
300 g Möhren
2 Eier (M)
2 EL Speisestärke
1 TL Salz
Pfeffer
4 EL Öl
200 g Kräuterfrischkäse (Doppelrahmstufe)
200 g griech. Joghurt (10 % Fett)

Nährwerte pro Portion

- ca. 840 kcal
- 24 g Eiweiß
- 59 g Fett
- 53 g Kohlenhydrate

1. Die Kartoffeln und Möhren putzen, schälen und auf der Gemüsereibe grob raspeln. In einer Schüssel mischen. Die Eier und die Speisestärke gleichmäßig unterrühren und alles mit Salz und Pfeffer würzen.

2. In einer großen Pfanne 2 EL Öl erhitzen. Aus der Masse mit einem Esslöffel vier Teigportionen nebeneinander hineinsetzen und glatt streichen. Die Taler bei mittlerer Hitze auf jeder Seite in ca. 5 Min. goldgelb braten. (Damit sie knusprig werden, den Deckel nach dem Wenden nicht mehr auflegen.)

3. Die Rösti herausnehmen und auf Küchenpapier abtropfen lassen. Aus der restlichen Masse im übrigen Öl weitere Rösti backen. Inzwischen Frischkäse und Joghurt glatt verrühren.

4. Zum Servieren die Rösti mit dem Kräuterdip auf Tellern anrichten. Sie schmecken warm wie abgekühlt und lassen sich auch super mitnehmen.

Bunte Hirse-Bowl

Für 2 Personen • 35 Min. Zubereitung

60 g Hirse
Salz
150 g Kohlrabi
2 Eier (M)
1 Frühlingszwiebel
100 g gegarte Rote Bete (vakuumverpackt)
100 g Feldsalat
125 g Mini-Mozzarellakugeln
4 EL Öl
Pfeffer

1. Die Hirse in einem Sieb abbrausen und in einem kleinen Topf in 120 ml Salzwasser zugedeckt in ca. 7 Min. bissfest garen. Vom Herd nehmen und abkühlen lassen. Währenddessen den Kohlrabi putzen, schälen, halbieren und in fingerdicke Scheiben schneiden. Dann in Salzwasser in ca. 5 Min. bissfest garen, abgießen und abkühlen lassen.

2. Die Eier in kochendem Wasser in 6–7 Min. weich garen, herausnehmen und abkühlen lassen. Die Frühlingszwiebel putzen, waschen und in dünne Ringe schneiden. Die Rote Bete ggf. schälen und in kleine Würfel schneiden (Achtung, sie färbt stark ab!). Den Feldsalat verlesen, waschen und trocken schütteln, dabei grobe Stiele entfernen. Den Mozzarella abtropfen lassen.

3. Zum Servieren Hirse, Frühlingszwiebel, Kohlrabi, Rote Bete, Feldsalat und Mozzarella in Schalen (Bowls) nebeneinander anrichten. Das Öl gleichmäßig darauf verteilen und alles leicht mit Pfeffer würzen. Zuletzt die Eier pellen, halbieren und auf die Bowls setzen.

Nährwerte pro Portion

- ca. 590 kcal
- 25 g Eiweiß
- 40 g Fett
- 31 g Kohlenhydrate

Smashed Potatoes mit Spitzkohlsalat

Für 2 Personen • 40 Min. Zubereitung

400 g kleine Kartoffeln
4 EL Olivenöl
Salz, Pfeffer
400 g Spitzkohl
2 EL Cranberrysaft
½ TL gemahlener Kreuzkümmel
1 Bund Schnittlauch
400 g griech. Joghurt (10 % Fett)

Nährwerte pro Portion

- ca. 600 kcal
- 16 g Eiweiß
- 40 g Fett
- 45 g Kohlenhydrate

1. Die Kartoffeln mit der Gemüsebürste gründlich waschen und samt Schale in einem Topf in wenig Wasser ca. 15 Min. garen. Den Backofen auf 200° (Umluft) vorheizen. Ein Backblech mit Backpapier belegen und mit 1 EL Öl einfetten.

2. Die Kartoffeln abgießen und kurz ausdampfen lassen, dann auf dem Blech verteilen. Jede Kartoffel mit dem Boden eines Kaffeebechers oder eines Glases so flach drücken, dass sie ca. 1,5 cm hoch ist. Salzen und pfeffern.

3. Die Kartoffeln im Ofen (Mitte) 20–30 Min. backen, bis sie leicht gebräunt sind. Dabei während des Backens immer wieder die Ofentür öffnen, damit die Feuchtigkeit entweichen kann und die Kartoffeln knusprig werden. Anschließend herausnehmen und warm halten.

4. Inzwischen den Spitzkohl waschen, putzen und längs vierteln. Den harten Strunk entfernen und den Kohl in sehr feine Streifen schneiden. In einer Schüssel mit den übrigen 3 EL Öl und Cranberrysaft mischen, mit Salz, Pfeffer und Kreuzkümmel abschmecken.

5. Zum Servieren den Schnittlauch waschen, trocken tupfen und in feine Röllchen schneiden. Mit dem Joghurt verrühren und mit Salz abschmecken. Die Kartoffeln mit dem Salat und dem Dip auf Tellern anrichten.

VEGETARISCHER
SATTMACHER

Asiatischer Hühnereintopf

Für 2 Personen • 35 Min. Zubereitung

250 g Möhren
100 g Zuckerschoten
1 Knoblauchzehe
1 Stück Ingwer (3 cm lang)
1 EL Öl
Salz, Pfeffer
350 ml Gemüsebrühe (ohne Geschmacksverstärker und Hefeextrakt)
200 g Kokosmilch
300 g Hähnchenbrustfilet
100 g Basmati-Reis
Chilipulver
½ Bund Koriandergrün

1. Die Möhren putzen, schälen und klein würfeln. Zuckerschoten putzen, waschen und schräg halbieren. Den Knoblauch schälen, sehr fein würfeln oder durch die Knoblauchpresse drücken. Den Ingwer schälen und fein reiben.

2. Das Öl in einem Topf erhitzen und Möhren, Zuckerschoten, Knoblauch und Ingwer darin ca. 5 Min. anbraten, dabei ab und zu umrühren. Das Gemüse salzen und pfeffern, mit Brühe und Kokosmilch ablöschen und aufkochen.

3. Das Hähnchenbrustfilet in dünne Streifen schneiden und in die Suppe legen. Den Reis dazugeben, den Eintopf nochmals aufkochen und zugedeckt bei kleiner Hitze ca. 12 Min. sanft köcheln lassen, bis der Reis gar ist.

4. Zum Servieren den Asia-Topf mit Salz und Chilipulver kräftig würzen. Den Koriander waschen, trocken tupfen, die Blätter abzupfen und in die Suppe geben. Die Suppe in tiefen Tellern oder Schalen anrichten.

Nährwerte pro Portion

- ca. 700 kcal
- 44 g Eiweiß
- 34 g Fett
- 50 g Kohlenhydrate

SCHNELL,
LEICHT UND LECKER

Hähnchengeschnetzeltes mit Dill-Senf-Gurken

Für 2 Personen • 20 Min. Zubereitung

120 g Basmati-Reis
Salz
300 g Hähnchenbrustfilet
1 EL Öl
Pfeffer
400 g Salatgurke
150 ml Gemüsebrühe (ohne Geschmacksverstärker und Hefeextrakt)
50 g Sahne
1 TL mittelscharfer Senf
½ Bund Dill
1 TL Speisestärke

1. Den Reis in einem Topf in Salzwasser nach Packungsanweisung bissfest garen, in ein Sieb abgießen und abtropfen lassen. Inzwischen das Hähnchenbrustfilet in mundgerechte Stücke schneiden. Das Öl in einer Pfanne erhitzen und die Hähnchenbrust darin anbraten, mit Salz und Pfeffer würzen.

2. Die Gurke putzen, schälen, längs halbieren und mit einem Teelöffel entkernen. Die Gurkenhälften quer in ca. 1 cm dicke Scheiben schneiden. Die Gurke mit der Brühe zum Fleisch geben und alles bei mittlerer Hitze unter gelegentlichem Wenden noch ca. 7 Min. garen. Dann Sahne und Senf zur Hähnchen-Gurken-Mischung geben.

3. Den Dill waschen, trocken tupfen, die Spitzen abzupfen und fein hacken. Das Geschnetzelte mit Dill würzen und mit Salz und Pfeffer abschmecken.

4. Die Stärke mit 3 EL kaltem Wasser in einem kleinen Schälchen mit einer Gabel glatt verrühren und zum Geschnetzelten geben. Alles unter Rühren kurz aufkochen, bis die Sauce leicht andickt. Zum Servieren das Geschnetzelte mit dem Reis auf Tellern anrichten.

Nährwerte pro Portion

- ca. 380 kcal
- 35 g Eiweiß
- 23 g Fett
- 7 g Kohlenhydrate

SOMMER-
FRISCH

Gebackene Hähnchenbrust mit Rosmarinkartoffeln

Für 2 Personen • 30 Min. Zubereitung • 30 Min. Backen

400 g vorwiegend festkochende Kartoffeln
1 Zweig Rosmarin
2 EL Öl
Salz
2 Hähnchenbrustfilets
Pfeffer
½ EL flüssiger Honig
½ EL mittelscharfer Senf
125 ml Gemüsebrühe (ohne Geschmacksverstärker und Hefeextrakt)
400 g bunte Paprika

1. Den Backofen auf 200° vorheizen. Die Kartoffeln mit der Gemüsebürste gründlich waschen, dabei Exemplare mit sehr fester Schale zusätzlich schälen. Die Kartoffeln längs halbieren. Den Rosmarin waschen, trocken tupfen, die Nadeln abzupfen und fein hacken.

2. Ein Backblech mit Backpapier belegen und mit dem Öl einfetten. Dann Salz und Rosmarin gleichmäßig darauf verteilen und die Kartoffeln mit der Schnittfläche nach unten auf das Backpapier setzen.

3. Das Fleisch salzen und pfeffern und zwischen die Kartoffeln legen. Honig und Senf in einer Tasse glatt verrühren und das Fleisch damit großzügig bestreichen. Die Brühe dazugießen und alles im Ofen (Mitte) ca. 10 Min. garen.

4. Inzwischen die Paprika waschen, vierteln, weiße Trennwände und Kerne entfernen. Dann die Paprika zu Kartoffeln und Fleisch mit aufs Blech legen und alles im Ofen noch weitere 15–20 Min. backen.

5. Zum Servieren die Hähnchenbrustfilets mit dem Gemüse aus dem Ofen nehmen und auf Tellern anrichten. Den Sud auf dem Blech nach Belieben über das Gemüse träufeln.

Nährwerte pro Portion

- ca. 550 kcal
- 50 g Eiweiß
- 23 g Fett
- 35 g Kohlenhydrate

FIX UND FERTIG
VOM BLECH

Makkaroni mit Paprika-Hackfleisch-Sauce

Für 2 Personen • 20 Min. Zubereitung

100 g Makkaroni
Salz
1 Zwiebel
150 g Möhren
200 g rote Paprika
250 g Rinderhackfleisch
2 EL Olivenöl
1 TL getr. Oregano
1 TL edelsüßes Paprikapulver
Pfeffer
30 g Mozzarella
10 Basilikumblätter

1. Die Makkaroni in reichlich kochendem Salzwasser nach Packungsanweisung bissfest garen.

2. Inzwischen die Zwiebel schälen und fein würfeln. Die Möhren putzen, schälen und klein würfeln. Die Paprika waschen, halbieren, weiße Trennwände und Kerne entfernen, die Hälften in feine Würfel schneiden.

3. Das Hackfleisch in einer beschichteten Pfanne ohne Fett unter Rühren krümelig braten. Die Zwiebel zum Fleisch geben und ca. 2 Min. mitbraten. Möhren- und Paprikawürfel sowie 4 EL Wasser hinzufügen und alles zugedeckt bei kleiner Hitze ca. 10 Min. garen. Das Öl dazugeben und die Sauce mit Oregano, Paprika, Salz und Pfeffer würzen.

4. Die Nudeln in ein Sieb abgießen, abtropfen lassen und unter die Sauce mischen. Den Mozzarella klein würfeln. Die Basilikumblätter waschen und trocken tupfen.

5. Zum Servieren die Hackfleisch-Nudel-Pfanne auf Teller verteilen, mit dem Mozzarella bestreuen und mit den Basilikumblättern garnieren.

Nährwerte pro Portion

- ca. 585 kcal
- 35 g Eiweiß
- 32 g Fett
- 41 g Kohlenhydrate

MACHT SATT UND
GLÜCKLICH

Rinderhacksteaks mit buntem Gemüse

Für 2 Personen • 20 Min. Zubereitung

250 g Möhren
250 g Zucchini
1 EL Öl
100 g Schmand
4 EL Milch
Salz, Pfeffer
250 g Rinderhackfleisch
10 g Butterschmalz

1. Die Möhren putzen, schälen und in dünne Scheiben schneiden. Die Zucchini putzen, waschen und quer in Scheiben schneiden.

2. Das Öl in einer beschichteten Pfanne erhitzen und die Möhren darin zugedeckt bei mittlerer Hitze ca. 5 Min. andünsten, dabei ab und zu umrühren. Die Zucchini dazugeben und alles noch ca. 5 Min. dünsten, bis das Gemüse gar, aber noch bissfest ist. Den Schmand und die Milch unter das Gemüse rühren und alles mit Salz und Pfeffer abschmecken. Warm halten.

3. Währenddessen aus dem Rinderhackfleisch mit angefeuchteten Händen zwei flache Pattys formen. Das Butterschmalz in einer Pfanne erhitzen und die Pattys darin bei starker Hitze auf beiden Seiten kurz anbraten. Erst danach mit Salz und Pfeffer würzen. Zum Servieren die Hacksteaks mit dem Gemüse auf Tellern anrichten.

Nährwerte pro Portion

- ca. 545 kcal
- 33 g Eiweiß
- 41 g Fett
- 11 g Kohlenhydrate

Tipp

Die Hackfleisch-Pattys lassen sich in größerer Menge vorbereiten und roh einfrieren. Falls Sie sie für den Vorrat schon durchbraten möchten, zum Essen im Kühlschrank auftauen lassen und kalt verzehren. Erneut aufgewärmtes Fleisch in der Testphase auf Verträglichkeit testen!

DEFTIGER
LOW-CARB-GENUSS

Flammkuchen mit Paprika und Pute

Für 2 Personen • 15 Min. Zubereitung • 12 Min. Backen

250 g Mehl
½ TL Backpulver
½ TL Salz
3 EL Öl
150 g saure Sahne
150 g Putenbrustaufschnitt
150 g rote Paprika
125 g Mozzarella
1 Bund Schnittlauch
Öl für das Blech

1. Den Backofen auf 220° vorheizen. Ein Backblech leicht mit Öl einfetten. Das Mehl mit Backpulver und Salz in einer Rührschüssel mischen. Das Öl sowie 125 ml Wasser dazugeben und alles mit den Knethaken des Handrührgeräts zu einem Teig verarbeiten.

2. Den Teig auf der leicht bemehlten Arbeitsfläche sehr dünn ausrollen und auf das Blech legen. Die saure Sahne gleichmäßig darauf verteilen.

3. Die Putenbrustscheiben klein würfeln. Die Paprika waschen, halbieren, weiße Trennwände und Kerne entfernen, die Hälften in kleine Würfel schneiden. Den Mozzarella abtropfen lassen, klein würfeln und mit Putenbrust- und Paprikawürfeln auf dem Flammkuchen verteilen.

4. Dann den Flammkuchen im Ofen (2. Schiene von unten) 10–12 Min. backen, bis er leicht gebräunt ist.

5. Zum Servieren den Schnittlauch waschen, trocken tupfen und in feine Röllchen schneiden. Den Flammkuchen aus dem Ofen nehmen, in Streifen auf Tellern anrichten und mit dem Schnittlauch bestreuen.

Nährwerte pro Portion

- ca. 930 kcal
- 39 g Eiweiß
- 43 g Fett
- 95 g Kohlenhydrate

HAUCHDÜNNER
KNUSPER-
GENUSS

Überbackener Chicorée mit Schinken

Für 2 Personen • 15 Min. Zubereitung • 15 Min. Backen

500 g vorwiegend festkochende Kartoffeln
500 g Chicorée
Salz
100 g Sahne
1 TL mittelscharfer Senf
40 g gekochter Schinken
50 g junger Gouda

1. Die Kartoffeln mit der Gemüsebürste gründlich waschen und samt Schale in einem Topf in wenig Wasser weich garen. Abgießen, kurz ausdampfen und abkühlen lassen.

2. Den Chicorée putzen und waschen, dabei große Kolben längs halbieren. In einem großen Topf reichlich Salzwasser aufkochen und den Chicorée darin in 7–10 Min. weich garen. Der Chicorée ist gar, wenn der Strunk in der Mitte weich ist – das lässt sich mit einem spitzen Messer testen. Den Chicorée mit einem Schaumlöffel aus dem Wasser heben, abtropfen lassen und in eine Auflaufform legen.

3. Den Backofen auf 200° vorheizen. Die Sahne und den Senf in einer kleinen Schüssel verquirlen und den Guss über den Chicorée in der Auflaufform gießen. Den gekochten Schinken klein würfeln und auf dem Chicorée verteilen.

4. Den Käse reiben und gleichmäßig darüberstreuen. Den Chicorée im Ofen (Mitte) in 13–15 Min. überbacken, bis der Käse goldgelb ist. Zum Servieren aus dem Ofen nehmen und mit den Kartoffeln auf Tellern anrichten.

Nährwerte pro Portion

- ca. 465 kcal
- 20 g Eiweiß
- 23 g Fett
- 44 g Kohlenhydrate

Tipp

Chicorée ist Ihnen zu bitter? Dann ersetzen Sie ihn durch die gleiche Menge Zucchinischeiben oder Brokkoliröschen.

HERB-
WÜRZIG

Scholle auf Kürbispüree mit gebratenen Kartoffeln

Für 2 Personen • 40 Min. Zubereitung

500 g kleine festkochende Kartoffeln
2 EL Butterschmalz
300 g Hokkaido-Kürbis
200 g Kokosmilch
Salz, Pfeffer
250 g TK-Schollenfilet

1. Die Kartoffeln schälen, waschen und in große Stücke schneiden. 1 TL Butterschmalz in einer Pfanne erhitzen und die Kartoffeln darin zugedeckt bei kleiner Hitze unter gelegentlichem Wenden ca. 25 Min. garen. Sie sollten dann rundum leicht gebräunt sein.

2. Inzwischen den Kürbis waschen, entkernen und in Würfel schneiden. 1 TL Butterschmalz in einem Topf erhitzen und die Kürbiswürfel darin andünsten. Anschließend mit Kokosmilch ablöschen und alles ca. 10 Min. köcheln lassen. Die Kürbis-Kokosmilch-Mischung im Topf mit dem Pürierstab fein pürieren und mit Salz und Pfeffer würzen.

3. Das restliche Butterschmalz in einer Pfanne erhitzen und die gefrorenen Fischfilets darin auf jeder Seite ca. 3 Min. anbraten, bis diese leicht gebräunt sind. Anschließend mit Salz und Pfeffer würzen.

4. Zum Servieren den Fisch mit dem Kürbispüree und den Kartoffeln auf Tellern anrichten.

Nährwerte pro Portion

- ca. 460 kcal
- 29 g Eiweiß
- 13 g Fett
- 60 g Kohlenhydrate

Tipp

Achten Sie beim Fischeinkauf immer besonders auf Frische. Alternativ kann man Tiefkühlware verwenden und im Kühlschrank auftauen lassen.

SOLLTE FRISCH
AUF DEN
TISCH

Rotbarsch mit Dillsauce

Für 2 Personen • 30 Min. Zubereitung

150 g Basmati-Reis
Salz
1 Zwiebel
1 Bund Dill
3 TL Öl
200 g Sahne
1 TL flüssiger Honig
1 TL Currypulver
½ TL Gemüsebrühe (Instant; ohne Geschmacksverstärker und Hefeextrakt)
1 TL Speisestärke
50 ml Milch
250 g TK-Rotbarsch- oder Seelachsfilet
Pfeffer

1. Den Reis in einem Topf in Salzwasser nach Packungsanweisung bissfest garen. In ein Sieb abgießen und abtropfen lassen. Inzwischen die Zwiebel schälen und fein würfeln. Den Dill waschen, trocken tupfen, die Spitzen abzupfen und fein hacken.

2. In einer Pfanne 1 TL Öl erhitzen und die Zwiebel darin glasig dünsten. Die Sahne hinzufügen und kurz aufkochen. Dill, Honig, Curry und Brühe dazugeben und unterrühren.

3. Die Speisestärke mit der Milch in einer Tasse glatt verrühren, zur Sauce geben und diese unter Rühren kurz aufkochen, bis sie andickt. Nochmals mit Salz würzen.

4. Das übrige Öl in einer Pfanne erhitzen und den gefrorenen Fisch darin bei mittlerer Hitze auf jeder Seite ca. 5 Min. braten, salzen und pfeffern. Zum Servieren den Fisch mit Reis und Sauce auf Tellern anrichten. Dazu passen auch noch in Butter gebratene Möhren- oder Pastinakenstifte.

Tipp

Fisch entwickelt besonders schnell und viel Histamin. Daher gelten hier besondere Kriterien bezüglich der Frische: Verwenden Sie sicherheitshalber TK-Ware und lassen Sie diese entweder im Kühlschrank auftauen oder garen Sie den gefrorenen Fisch unmittelbar (max. 15–20 Min.) vor dem Verzehr. Vermeiden Sie zudem längeres Warmhalten, da auch hier der Histamingehalt deutlich ansteigen kann.

Nährwerte pro Portion

- ca. 810 kcal
- 33 g Eiweiß
- 46 g Fett
- 67 g Kohlenhydrate

ERST AB DER
TESTPHASE

Lachsfilet auf Brokkoli

Für 2 Personen • 40 Min. Zubereitung •
8 Std. Auftauen (über Nacht) • 30 Min. Marinieren

250 g TK-Lachsfilet
4 Zweige Rosmarin
1 EL Cranberrysaft
1 Zwiebel
500 g Brokkoli
2 EL Öl
Salz, Pfeffer
100 ml Gemüsebrühe (ohne Geschmacksverstärker und Hefeextrakt)

1. Am Vorabend die gefrorenen Lachsfilets auf einen Teller legen und im Kühlschrank abgedeckt ca. 8 Std., am besten über Nacht, auftauen lassen.

2. Am nächsten Tag den Fisch kalt abbrausen und trocken tupfen. Den Rosmarin waschen, trocken tupfen, die Nadeln abzupfen und fein hacken. Den Cranberrysaft mit der Hälfte des Rosmarins auf einem tiefen Teller verrühren. Den Fisch in die Marinade legen und im Kühlschrank (!) ca. 30 Min. ziehen lassen. Dabei einmal wenden.

3. Währenddessen die Zwiebel schälen und fein würfeln. Den Brokkoli putzen, waschen und in Röschen teilen. Das Öl in einer beschichteten Pfanne erhitzen und die Zwiebel darin ca. 2 Min. andünsten. Den Brokkoli dazugeben und alles mit Salz, Pfeffer und übrigem Rosmarin würzen.

4. Dann das Gemüse mit der Brühe ablöschen. Den Fisch aus der Marinade nehmen und auf dem Gemüsebett zugedeckt bei mittlerer Hitze ca. 15 Min. gar ziehen lassen. Zum Servieren Fisch und Gemüse auf Tellern anrichten.

Nährwerte pro Portion

- ca. 425 kcal
- 33 g Eiweiß
- 28 g Fett
- 9 g Kohlenhydrate

Tipp

Fisch ist ein guter Proteinlieferant. Er entwickelt zwar sehr schnell Histamin, wenn Sie aber auf besondere Frische achten oder TK-Ware verwenden, kann Fisch Ihren Speiseplan immer nur bereichern.

LANGSAM
AUFTAUEN LASSEN

Süßer Milchreis mit Beerenspiegel

Für 2 Personen • 50 Min. Zubereitung • 2 Std. Auftauen

Für die Sauce
80 g TK-Johannisbeeren
80 g TK-Heidelbeeren
50 g Zucker

Für den Reis
200 g Sahne
60 g Milchreis
2 EL Zucker

Außerdem
2 Minzblätter

1. Für die Sauce die Beeren in einem Sieb auftauen lassen, sodass der Saft abfließen kann. Diesen auffangen und anderweitig verwenden (s. Tipp). Nach dem Auftauen die Beeren mit dem Zucker in einen hohen Rührbecher geben und mit dem Pürierstab homogen pürieren.

2. Für den Reis die Sahne mit 100 ml Wasser, dem Milchreis und dem Zucker in einen Topf geben und alles einmal kurz aufkochen. Dann den Reis zugedeckt bei kleiner Hitze unter gelegentlichem Rühren noch ca. 10 Min. köcheln lassen. Anschließend den Reis auf der ausgeschalteten Herdplatte ca. 25 Min. quellen lassen.

3. Den Milchreis vom Herd nehmen und abkühlen lassen. Zum Servieren auf Gläser verteilen und die Beerensauce daraufsetzen. Mit je 1 Minzblatt garnieren.

Nährwerte pro Portion

- ca. 600 kcal
- 5 g Eiweiß
- 32 g Fett
- 71 g Kohlenhydrate

Tipp

Durch das leichte Entsaften der Beeren bekommt die Fruchtsauce eine schöne Konsistenz, ohne dass sie angedickt oder erhitzt werden muss. Sie schmeckt dadurch noch fruchtintensiver. Der aufgefangene Saft lässt sich als Essigersatz für Salatsaucen verwenden. Sie können ihn in einer Eiswürfelform einfrieren und nach Bedarf auftauen.

VITAMINE
UND NASCHEN

Rhabarber-Johannisbeer-Crumble

Für 2 Personen • 20 Min. Zubereitung • 25 Min. Backen

100 g Rhabarber (frisch oder TK)
100 g Rote Johannisbeeren (frisch oder TK)
30 g Butter
30 g Zucker
50 g Speisestärke (oder Mehl)
10 g zarte Haferflocken
30 g gehackte Mandeln

Außerdem
2 Tarteförmchen (Ø ca. 10 cm)
Puderzucker zum Bestäuben

1. Den Backofen auf 180° vorheizen. Den Rhabarber putzen, waschen und quer in fingerdicke Stücke schneiden. Die Johannisbeeren verlesen und waschen. Rhabarber und Johannisbeeren mischen und auf die Formen verteilen. (TK-Ware gefroren in die Formen geben, die Backzeit verlängert sich dann um ca. 5 Min.)

2. Für die Streusel die Butter in einem kleinen Topf zerlassen, dann vom Herd nehmen. Zucker, Speisestärke und Haferflocken einstreuen und alles mit einer Gabel zu gleichmäßigen Streuseln verarbeiten.

3. Die Streusel auf den Früchten verteilen und die Crumbles im Ofen (Mitte) ca. 20 Min. backen, bis sie eine goldbraune Farbe angenommen haben.

4. Die Crumbles aus dem Ofen nehmen und leicht abkühlen lassen. Zum Servieren mit reichlich Puderzucker bestäuben und nach Belieben warm oder kalt servieren.

Nährwerte pro Portion

- ca. 395 kcal
- 6 g Eiweiß
- 21 g Fett
- 43 g Kohlenhydrate

Tipp

Wer mag, gibt noch 1 Msp. Zimtpulver zu den Streuseln dazu – der Zimt harmoniert besonders gut mit Rhabarber.

GEHT AUCH MIT
TK-OBST

Abtropfjoghurt mit Beerensauce

Für 2 Personen • 25 Min. Zubereitung • 3 Std. Abtropfen

100 g Sahne
500 g Joghurt (3,5 % Fett)
200 g TK-Heidelbeeren
40 g Zucker

1. Die Sahne steif schlagen und mit einem Teigschaber unter den Joghurt heben. Ein Sieb zweifach mit Küchenpapier auslegen und auf eine große Schüssel legen. Den Joghurt-Sahne-Mix auf das Papier ins Sieb geben, mit einem großen Teller abdecken und im Kühlschrank ca. 3 Std. abtropfen lassen. Anschließend den Teller umgedreht auf das Sieb legen und den Abtropfjoghurt auf den Teller stürzen, das Küchenpapier abziehen.

2. Für die Sauce die Beeren rechtzeitig auftauen lassen (alternativ in der Mikrowelle bei 600 Watt ca. 2 Min. erhitzen). Anschließend die Beeren mit dem Zucker in einem hohen Rührbecher mischen und alles mit dem Pürierstab zu einer glatten Sauce verarbeiten. Zum Servieren die Heidelbeersauce über die Joghurtkuppel verteilen.

Tipp

Sie haben den Eindruck, dass Sie von Obst einen unruhigen Bauch bekommen? Dann nehmen Sie die Früchte am besten immer mit ausreichend Protein und Fett zu sich – so kommt es zu einer längeren Transitzeit im Verdauungstrakt und damit automatisch auch zu einer langsameren, besseren Verdauung und weniger Symptomen. Fazit: Am besten Obst immer mit etwas Joghurt, Käse oder einigen Mandeln ergänzen! Das gilt auch für Personen, die einen positiven Atemtest auf Fruktose oder Sorbit hatten.

Nährwerte pro Portion

- ca. 360 kcal
- 10 g Eiweiß
- 17 g Fett
- 39 g Kohlenhydrate

LÄSST SICH SUPER
VARIIEREN

Heidelbeersorbet

Für 2 Personen • 5 Min. Zubereitung • 30 Min. Tiefkühlen

200 g TK-Heidelbeeren
30 g Zucker
20 g flüssiger Honig
einige Minzblätter und frische Heidelbeeren (nach Belieben)

1. Heidelbeeren, Zucker und Honig mit 50 ml kaltem Wasser in einen hohen Rührbecher geben. Die Beeren nicht antauen lassen. Alles mit dem Pürierstab zu einer homogenen Masse pürieren.

2. Das Heidelbeersorbet im Tiefkühlfach noch ca. 30 Min. durchkühlen lassen. Zum Servieren auf Dessertschalen verteilen, nach Belieben mit Minzblättchen und frischen Heidelbeeren garnieren.

Nährwerte pro Portion

- ca. 130 kcal
- 1 g Eiweiß
- 1 g Fett
- 29 g Kohlenhydrate

Tipps

Wer mag, gibt noch 5 Minzblätter zur Sorbetmasse vor dem Pürieren dazu. Probieren Sie das Fruchteis auch mal mit anderen verträglichen Obstsorten, beispielsweise Aprikosen, Pfirsichen oder Himbeeren. Wenn süßere Früchte verwendet werden, den Zucker reduzieren bzw. ganz weglassen.

Frozen Mango-Smoothie

Für 2 Personen • 15 Min. Zubereitung • 30 Min. Antauen

200 g TK-Mango
100 g Kokosmilch
1 EL Zucker
1 EL Kokosraspel
2 Raffaellos

1. Die gefrorenen Mangowürfel in einen hohen Rührbecher geben und ca. 30 Min. antauen lassen. (Alternativ in der Mikrowelle bei 600 Watt ca. 30 Sek. antauen lassen.)

2. Anschließend Kokosmilch, Zucker, Kokosraspel und 50 ml Wasser zur Mango geben und alles mit dem Pürierstab zu einer cremigen Masse pürieren.

3. Zum Servieren den Frozen Mango-Smoothie auf Gläser verteilen und mit je 1 Raffaello toppen.

Nährwerte pro Portion

- ca. 195 kcal
- 2 g Eiweiß
- 10 g Fett
- 25 g Kohlenhydrate

Tipp

Wenn Sie die Gläser vor dem Mixen einige Zeit im Tiefkühlfach kühl stellen, schmilzt der Smoothie während des Trinkens nicht so schnell.

Rüblikuchen

Für 1 Springform (Ø 28 cm, 12 Stück) •
25 Min. Zubereitung • 30 Min. Backen

200 g säuerliche Äpfel (z. B. Boskop)
150 g Möhren
6 Eier (M)
130 g Zucker
60 g gehackte Mandeln
60 g gemahlene Mandeln
50 g zarte Haferflocken
75 g Speisestärke (oder Mehl)
2 TL Backpulver
Fett für die Form
Puderzucker zum Bestäuben (nach Belieben)

1. Den Backofen auf 190° vorheizen. Den Boden der Springform mit Backpapier auslegen und die Ränder leicht einfetten. Die Äpfel waschen, vierteln und das Kerngehäuse entfernen. Die Möhren putzen, schälen und mit den Äpfeln auf der Gemüsereibe fein raspeln.

2. Die Eier trennen. Die Eiweiße mit 30 g Zucker mit den Rührbesen des Handrührgeräts steif schlagen und beiseitestellen. Die Eigelbe mit den übrigen 100 g Zucker und 3 EL Wasser in eine Rührschüssel geben und schaumig aufschlagen. Äpfel- und Möhrenraspel sowie gemahlene und gehackte Mandeln zur Eigelbmasse geben und untermischen. Dann die Haferflocken unter den Teig rühren. Zuletzt die Stärke mit Backpulver mischen und unterrühren.

3. Den Eischnee vorsichtig mit einem Schneebesen unter den Teig heben. Den Teig in die Form geben und glatt streichen. Den Rüblikuchen im Ofen (Mitte) ca. 30 Min. backen. Herausnehmen und vor dem Servieren auf einem Kuchengitter etwas abkühlen lassen. Nach Belieben mit Puderzucker bestäuben.

Nährwerte pro Stück

- pro Stück ca. 145 kcal
- 5 g Eiweiß
- 5 g Fett
- 21 g Kohlenhydrate

Tipp

Dieser Kuchen schmeckt am zweiten Tag noch besser und bleibt lange frisch. Er lässt sich auch wunderbar einfrieren. Wenn Sie das 1,5-fache Rezept zubereiten, erhalten Sie einen Blechkuchen (ca. 30 × 40 cm).

AM NÄCHSTEN TAG
NOCH BESSER

Preiselbeer-Sahne-Torte

Für 1 Springform (Ø 28 cm, 12 Stück) • 20 Min. Zubereitung • 25 Min. Backen • 2 Std. Kühlen

150 g weiche Butter
50 g Zucker
1 Pck. Vanillezucker
4 Eier (M)
250 g gemahlene Mandeln
1 Pck. Backpulver
100 g weiße Schokolade
1 Glas Preiselbeerkompott (ca. 400 g)
400 g Sahne
Fett für die Form

1. Den Backofen auf 180° vorheizen. Die Springform leicht einfetten.

2. In einer Rührschüssel weiche Butter, Zucker und Vanillezucker mit den Rührbesen des Handrührgeräts gründlich aufschlagen. Die Eier trennen und die Eigelbe nacheinander hinzufügen und unterrühren. Die Mandeln mit dem Backpulver mischen und unter die Masse rühren. Zuletzt 50 g weiße Schokolade grob hacken und ebenfalls unter die Masse geben.

3. Die Eiweiße steif schlagen und mit einem Schneebesen locker unter den Kuchenteig heben. Den Teig in die Form geben und glatt streichen. Den Kuchen im Ofen (Mitte) ca. 25 Min. backen, herausnehmen und auf einem Kuchengitter vollständig abkühlen lassen.

4. Anschließend den Kuchen aus der Form lösen und auf eine Kuchenplatte setzen. Die Preiselbeeren auf dem Kuchen gleichmäßig verteilen. Die Sahne steif schlagen und locker über die Preiselbeeren schichten.

5. Zum Servieren die übrigen 50 g Schokolade grob hacken und die Torte damit garnieren.

Nährwerte pro Stück

- ca. 355 kcal
- 12 g Eiweiß
- 24 g Fett
- 22 g Kohlenhydrate

SUPERSOFTER
MANDEL-
BISKUIT

Heidelbeer-Kokos-Muffins

Für 12 Stück • 15 Min. Zubereitung • 20 Min. Backen

250 g Heidelbeeren (frisch oder TK)
150 g weiche Butter
125 g Zucker
2 Eier (M)
300 g Mehl
1 TL Backpulver
250 ml Milch
80 g Kokosraspel
12er-Muffinform
12 Muffinpapierbackförmchen

1. Den Backofen auf 180° vorheizen. Die Papierförmchen in die Mulden der Muffinform setzen.

2. Frische Heidelbeeren verlesen, waschen und trocken tupfen. (TK-Ware gefroren verarbeiten.)

3. Butter, Zucker und Eier in einer Rührschüssel mit den Rührbesen des Handrührgeräts schaumig aufschlagen.

4. Mehl und Backpulver mischen und im Wechsel mit der Milch unter den Teig rühren. Die Kokosraspel unterheben. Zuletzt die frischen oder gefrorenen Heidelbeeren vorsichtig unter den Teig rühren.

5. Den Teig auf die Mulden der Muffinform verteilen und die Muffins im Ofen (Mitte) ca. 20 Min. backen. Die fertigen Muffins aus dem Ofen nehmen und ca. 5 Min. in der Form abkühlen lassen, dann aus den Mulden lösen und auf einem Kuchengitter vollständig abkühlen lassen.

Nährwerte pro Stück

- ca. 295 kcal
- 5 g Eiweiß
- 17 g Fett
- 31 g Kohlenhydrate

Rhabarbermuffins

Für 12 Stück • 15 Min. Zubereitung • 25 Min. Backen

100 g Rhabarber
200 g Mehl
1 TL Backpulver
Salz
140 g Zucker
125 g Butter
100 ml Milch
2 Eier (M)
100 g Mandelstifte
12er-Muffinform
12 Muffinpapierbackförmchen

Nährwerte pro Stück

- ca. 250 kcal
- 5 g Eiweiß
- 15 g Fett
- 25 g Kohlenhydrate

1. Den Backofen auf 180° vorheizen. Die Papierförmchen in die Mulden der Muffinform setzen. Den Rhabarber putzen, waschen und in ca. 1 cm große Würfel schneiden.

2. Mehl, Backpulver, 1 Prise Salz und Zucker in eine Rührschüssel geben und mischen. Die Butter in einem Topf zerlassen, dann mit Milch, Eiern und Mandeln zur Mehlmischung geben.

3. Alle Zutaten vorsichtig, aber gründlich mit einem Schneebesen mischen. Zuletzt den Rhabarber unterheben.

4. Den Teig auf die Mulden der Muffinform verteilen und die Muffins im Ofen (Mitte) in 20–25 Min. goldbraun backen. Die Muffins aus dem Ofen nehmen und in der Form ca. 5 Min. abkühlen lassen, dann aus den Mulden lösen und auf einem Kuchengitter vollständig abkühlen lassen.

Apfeltorte mit Pudding

Für 1 Springform (Ø 28 cm, 12 Stück) •
30 Min. Zubereitung • 1 Std. Backen

Für den Teig
125 g weiche Butter
125 g Zucker
1 Ei (M)
250 g Mehl
1 Pck. Backpulver
Fett für die Form
Mehl zum Arbeiten

Für die Füllung
6 säuerliche Äpfel (z. B. Boskop)
600 g Sahne
3 EL Zucker
1 Pck. Vanillezucker
1 Pck. Vanillepuddingpulver
Puderzucker zum Bestäuben (nach Belieben)

Nährwerte pro Stück

- ca. 420 kcal
- 4 g Eiweiß
- 27 g Fett
- 40 g Kohlenhydrate

1. Für den Teig den Boden der Form mit Backpapier auslegen, die Ränder einfetten. Weiche Butter, Zucker, Ei, Mehl und Backpulver in einer Rührschüssel mit den Knethaken des Handrührgeräts zu einem Mürbeteig verarbeiten. Die Hälfte des Teigs auf der leicht bemehlten Arbeitsfläche ausrollen und den Boden damit auslegen. Den restlichen Teig zu einer dünnen Rolle formen, an den Rand der Backform legen und zu einem Teigrand hochdrücken.

2. Für die Füllung die Äpfel schälen, vierteln und entkernen. Die Apfelstücke nebeneinander auf dem Mürbeteig verteilen. 100 g Sahne mit Zucker, Vanillezucker und Vanillepuddingpulver glatt verrühren. Die restliche Sahne in einem Topf zum Kochen bringen und das angerührte Puddingpulver zügig einrühren. Den Pudding unter Rühren einmal aufkochen, dann noch heiß über die Äpfel gießen.

3. Den Kuchen in den Ofen (Mitte) stellen, auf 180° heizen (nicht vorheizen!) und 50–60 Min. backen. Nach der Hälfte der Backzeit den Kuchen mit Alufolie abdecken, damit er nicht zu stark bräunt. Den Kuchen aus dem Ofen nehmen und auf einem Kuchengitter abkühlen lassen. Zum Servieren nach Belieben mit Puderzucker bestäuben.

HERBSTLICH &
FESTLICH

Mandelhörnchen

Für 30 Stück • 30 Min. Zubereitung • 15 Min. Backen

500 g Marzipanrohmasse
1 Bio-Zitrone (erst ab der Testphase)
2 Eiweiß (M)
200 g Puderzucker
150 g Mandelblättchen

1. Den Backofen auf 175° vorheizen. Ein Backblech mit Backpapier belegen. Die Marzipanrohmasse in grobe Würfel schneiden. Die Zitrone heiß waschen, abtrocknen und die Schale fein abreiben.

2. Marzipan, Zitronenschale, Eiweiße und Puderzucker in eine Rührschüssel geben und alles mit den Knethaken des Handrührgeräts zu einem kompakten Teig verarbeiten.

3. Die Mandelblättchen auf einem tiefen Teller verteilen. Aus der Marzipanmasse mit angefeuchteten Händen ca. 30 kleine Hörnchen formen. Dann in den Mandelblättchen wenden, sodass sie rundum davon überzogen sind, und nebeneinander auf das Backblech legen.

4. Die Mandelhörnchen im Ofen (Mitte) 12–15 Min. backen, bis sie goldgelb sind. Herausnehmen und auf einem Kuchengitter abkühlen lassen.

Nährwerte pro Stück

- ca. 115 kcal
- 2 g Eiweiß
- 5 g Fett
- 13 g Kohlenhydrate

Möwenfutter

Für 50 Stück • 15 Min. Zubereitung • 15 Min. Backen

50 g Butter
150 g Zucker
75 g flüssiger Honig
150 g Sahne
150 g Sonnenblumenkerne
150 g Kürbiskerne
25 g heller Sesam

1. Den Backofen auf 180° (Umluft) vorheizen. Ein Backblech mit Backpapier belegen.

2. Butter, Zucker, Honig und Sahne in einen Topf geben und bei kleiner Hitze unter Rühren schmelzen. Alles einmal kurz aufkochen, dann Kerne und Sesam unterrühren.

3. Die Masse auf dem Blech gleichmäßig verteilen und mit einer Teigkarte oder einem Pfannenwender flach drücken. Im Ofen (Mitte) ca. 15 Min. backen, bis die Oberfläche goldgelb gebräunt ist.

4. Danach aus dem Ofen nehmen und auf einem Kuchengitter vollständig abkühlen lassen. Zum Servieren die Platte in ca. 50 mundgerechte Stücke brechen.

Nährwerte pro Stück

- ca. 70 kcal
- 2 g Eiweiß
- 5 g Fett
- 5 g Kohlenhydrate

Hafer-Zimt-Waffeln

Für 8 Stück • 30 Min. Zubereitung

125 g zarte Haferflocken
125 g Sahne
60 g Zucker
60 g weiche Butter
½ TL Zimtpulver
3 Eier (M)

Außerdem
Butter fürs Waffeleisen
Puderzucker
(nach Belieben)

1. Die Haferflocken mit der Sahne und 125 ml Wasser in einer Rührschüssel mischen und ca. 10 Min. quellen lassen. Dann Zucker, weiche Butter und Zimt hinzufügen und mit den Rührbesen des Handrührgeräts unterrühren.

2. Die Eier trennen und die Eigelbe ebenfalls unter die Haferflocken-Sahne-Mischung rühren. Die Eiweiße steif schlagen und mit einem Teigschaber vorsichtig unter den Waffelteig heben.

3. Die Backflächen des Waffeleisens leicht einfetten und vorheizen. Sobald das Waffeleisen Betriebstemperatur erreicht hat, öffnen und eine Schöpfkelle Teig mittig auf die untere Backfläche geben. Das Waffeleisen schließen und eine goldbraune Waffel in 2–3 Min. backen. Die Waffel herausnehmen, auf ein Kuchengitter legen und anschließend im Backofen bei 50° warm halten.

4. Auf diese Weise sieben weitere Hafer-Zimt-Waffeln backen. Zum Servieren die Waffeln nach Belieben mit Puderzucker bestäuben und am besten lauwarm genießen.

Nährwerte pro Stück

- ca. 230 kcal
- 5 g Eiweiß
- 15 g Fett
- 17 g Kohlenhydrate

Tipp

Sie haben nicht alle Waffeln verzehrt, die Sie gerade zubereitet haben? Dann frieren Sie gerne die gebackenen Waffeln ein und backen diese im Toaster wieder auf, wenn Sie Lust auf einen schnellen Waffel-Snack haben.

GANZ OHNE
MEHL

Gebrannte Mandeln

Für 6 Personen • 25 Min. Zubereitung

125 g Zucker
2 Pck. Vanillezucker
1 TL Butter
1 TL Zimtpulver
200 g Mandeln

1. Zucker, Vanillezucker, Butter und Zimt mit 75 ml Wasser in einen Topf geben und unter Rühren zum Kochen bringen. Die Mandeln dazugeben und bei mittlerer Hitze ca. 10 Min. einkochen, dabei ab und zu umrühren. Anschließend vom Herd nehmen und abkühlen lassen.

2. Anschließend die Mandeln weitere 10 Min. unter Rühren »brennen«. Das heißt, das Wasser zuerst nahezu vollständig einkochen, sodass der Zucker feucht neben den Mandeln liegt. Danach karamellisiert er und legt sich langsam um die Mandeln herum.

3. Erst wenn sich der Zucker komplett um die Mandeln gelegt hat, sind sie fertig. Sie erkennen den richtigen Zeitpunkt auch daran, dass die Kerne anfangen zu knacken.

Nährwerte pro Portion

- ca. 295 kcal
- 7 g Eiweiß
- 19 g Fett
- 25 g Kohlenhydrate

Tipp

Die selbst gemachten Mandeln schmecken besser als gekaufte, da sie eine dünnere Zuckerschicht haben.

Sesambällchen

Für 25 Stück • 20 Min. Zubereitung • 17 Min. Backen

150 g junger Gouda
150 g Dinkelmehl (Type 630)
120 g weiche Butter
1 Eigelb (M)
1 EL getr. Oregano
50 g heller Sesam

1. Den Backofen auf 180° vorheizen. Ein Backblech mit Backpapier belegen. Den Käse reiben und mit dem Mehl in einer Rührschüssel mischen. Die Butter in Flocken zum Mehl-Käse-Mix geben und alles mit den Knethaken des Handrührgeräts verkneten.

2. Anschließend das Eigelb und den Oregano dazugeben und alles zu einem glatten Mürbeteig verarbeiten.

3. Aus dem Teig mit bemehlten Händen ca. 25 Bällchen formen. 100 ml Wasser in einen tiefen Teller geben und die Kugeln kurz darin wenden, sodass sie rundum nass sind. Den Sesam ebenfalls in einen tiefen Teller geben und die Bällchen darin wenden. Den Sesam leicht andrücken.

4. Die Bällchen nebeneinander auf das Blech legen und im Ofen (Mitte) ca. 17 Min. backen, bis sie leicht gebräunt sind. Die Sesambällchen aus dem Ofen nehmen und vor dem Servieren auf einem Kuchengitter etwas abkühlen lassen.

Nährwerte pro Stück

- ca. 90 kcal
- 3 g Eiweiß
- 7 g Fett
- 4 g Kohlenhydrate

Macadamia-Quinoa-Pops

Für 25 Stück • 25 Min. Zubereitung • 10 Min. Kühlen

60 g Macadamianusskerne
20 g Quinoa-Pops (gepuffte Quinoa)
20 g Haferkleie
2 EL Zucker
100 g weiße Schokolade

1. Ein großes Arbeitsbrett mit Backpapier belegen. Die Macadamianüsse fein hacken. Dann mit den Quinoa-Pops, der Haferkleie und dem Zucker in einer Schüssel gründlich mischen.

2. Die Schokolade grob hacken und in einer Schüssel über dem heißen Wasserbad schmelzen. Die flüssige Schokolade zu den trockenen Zutaten geben und alles mischen.

3. Aus der Masse mit zwei Teelöffeln ca. 25 Bällchen formen und nebeneinander auf das Backpapier setzen. Im Kühlschrank in ca. 10 Min. abkühlen und fest werden lassen. Die Pops halten sich ca. 14 Tage.

Nährwerte pro Stück

- ca. 45 kcal
- 1 g Eiweiß
- 3 g Fett
- 4 g Kohlenhydrate

Tipp

Diese Pops sind ein idealer Snack, weil sie gut sättigen und daher automatisch nicht in allzu großen Mengen gegessen werden können.

Pikante Macadamianüsse

Für 4 Personen • 20 Min. Zubereitung • 14 Min. Backen

200 g Macadamianusskerne
2 Msp. Chilipulver
1 TL Currypulver
2 TL flüssiger Honig
Salz

1. Ein Backblech mit Backpapier belegen. Die Macadamianüsse mit Chilipulver, Curry und Honig in einer Schüssel gründlich mischen.

2. Die Masse auf dem Backblech gleichmäßig verstreichen. Im nicht vorgeheizten Backofen (Mitte) bei 180° (Umluft) ca. 14 Min. rösten. Dabei zwischendurch einmal wenden.

3. Die heißen Macadamianüsse aus dem Ofen nehmen, sofort mit Salz bestreuen und auf einem Kuchengitter vollständig abkühlen lassen.

Nährwerte pro Portion

- ca. 366 kcal
- 4 g Eiweiß
- 37 g Fett
- 5 g Kohlenhydrate

Tipp

Ein echter Partyhit! Ideal zum Knabbern zwischendurch – oder auch einfach zum Verschenken.

Knusper-Dattel-Krokant

Für 30 Stück • 10 Min. Zubereitung • 15 Min. Backen

100 g getrocknete Datteln
70 g Butter
80 g brauner Zucker
1 EL flüssiger Honig
120 g zarte Haferflocken
30 g gehackte Mandeln
(oder Kokosflocken)
30 g Kürbiskerne

1. Den Backofen auf 180° vorheizen. Ein Backblech mit Backpapier belegen. Die Datteln entsteinen und in sehr feine Würfel schneiden.

2. Butter, braunen Zucker und Honig in einem großen Topf so lange unter Rühren erhitzen, bis sich der Zucker vollständig aufgelöst hat. Dann Haferflocken, Mandeln und Kürbiskerne unterrühren. Die Datteln hinzufügen und ebenfalls untermischen.

3. Die Masse noch warm gleichmäßig auf dem Blech verteilen. Ein weiteres Backpapier darauflegen und mit den Handflächen fest andrücken, dann wieder entfernen.

4. Die Platte im Ofen (Mitte) 10–15 Min. backen, bis sie leicht gebräunt ist. Herausnehmen und auf dem Backblech vollständig abkühlen lassen. Zum Servieren in ca. 30 mundgerechte Stücke brechen.

Nährwerte pro Stück

- ca. 60 kcal
- 1 g Eiweiß
- 3 g Fett
- 8 g Kohlenhydrate

Tipp

Der leckere Snack für zwischendurch hält sich in einem Gefäß verpackt 2–3 Wochen. Er ist ideal bei Histaminintoleranz, weil er ein schokofreier Leckerbissen ist und schön nussig schmeckt, aber nur verträgliche Mandeln enthält.

PRAKTISCH
ZUM MITNEHMEN

Ingwersirup

Für 25 Portionen • 15 Min. Zubereitung • 20 Min. Garen

120 g Ingwer
200 g Zucker

1. Den Ingwer schälen, in fingerdicke Stücke schneiden und mit 400 ml Wasser in einem Topf aufkochen. Dann zugedeckt bei mittlerer Hitze ca. 20 Min. köcheln lassen.

2. Den Sud durch ein Sieb gießen, das Ingwerwasser auffangen und zurück in den Topf geben. Den Zucker hinzufügen und die Mischung aufkochen. Alles offen bei starker Hitze so lange einkochen, bis ein etwas dickflüssiger Sirup entstanden ist. Noch heiß in eine saubere Flasche füllen.

Tipp

Der leicht herzustellende Sirup lässt sich im Kühlschrank gut aufbewahren und schmeckt in heißem Tee ebenso wie auch in kaltem Mineralwasser.

Nährwerte pro Portion

- ca. 35 kcal
- 0 g Eiweiß
- 0 g Fett
- 8 g Kohlenhydrate

Wassermelonendrink

Für 2 Personen • 10 Min. Zubereitung

600 g Wassermelonenfruchtfleisch
1 EL Cranberrysaft
10 Rosmarinnadeln

1. Das Fruchtfleisch der Wassermelone ggf. noch entkernen und grob würfeln. Dann in einem hohen Rührbecher mit dem Pürierstab zu einem wässrigen Brei pürieren. Den Cranberrysaft dazugeben und untermischen.

2. Die Rosmarinnadeln waschen, trocken tupfen, sehr fein hacken und unter den Melonendrink mischen. Zum Servieren den Drink auf Gläser verteilen.

Tipp

Je nach Süße der Melone können Sie noch bis zu insgesamt 1 EL Zucker mit in den Drink geben.

Nährwerte pro Portion

- ca. 110 kcal
- 2 g Eiweiß
- 1 g Fett
- 25 g Kohlenhydrate

Johannisbeerschorle

Für 2 Personen • 10 Min. Zubereitung • 4 Std. Tiefkühlen

100 g Mangofruchtfleisch
200 ml Johannisbeersaft
1 Prise Zimtpulver

1. Das Mangofruchtfleisch in Würfel schneiden und im Tiefkühlfach ca. 4 Std. gefrieren lassen. Anschließend die gefrorenen Fruchtstücke auf Gläser verteilen.

2. Den Saft gleichmäßig auf die Gläser verteilen und mit je 50–100 ml Wasser auffüllen. Zum Servieren den Zimt unterrühren.

Nährwerte pro Portion

- ca. 40 kcal
- 0 g Eiweiß
- 0 g Fett
- 8 g Kohlenhydrate

Pfirsicheistee

Für 2 Personen • 10 Min. Zubereitung

1 Pfirsich
6 Eiswürfel
200 ml kalter schwarzer Tee (oder Roibuschtee)
200 ml Pfirsichsaft
6 Zitronenmelisseblätter

1. Den Pfirsich waschen, vierteln, vom Stein befreien und in kleine Würfel schneiden. Diese auf Gläser verteilen.

2. Die Eiswürfel ebenfalls in die Gläser setzen. Tee und Saft gleichmäßig auf die Gläser verteilen. Die Zitronenmelisseblätter waschen, fein hacken und zum Servieren unter den Eistee rühren.

Tipp

Sie mögen es bunt? Gerne können Sie die Eiswürfel auch aus Schwarzem Johannisbeer- oder Holunderbeersaft herstellen. Das sieht nicht nur sehr schön aus, es gibt dem Eistee auch noch eine besonders fruchtige Note.

Nährwerte pro Portion

- ca. 70 kcal
- 1 g Eiweiß
- 0 g Fett
- 16 g Kohlenhydrate

WICHTIGE ADRESSEN

Verbände

www.ak-dida.de
Arbeitskreis Diätetik in der Allergologie: Hier haben Sie die Möglichkeit, nach einer kompetenten Ernährungsfachkraft in Wohnortnähe zu suchen. Im Arbeitskreis sind nur Kolleginnen und Kollegen Mitglied, die speziell auf die Ernährungstherapie von Allergien und Nahrungsmittelunverträglichkeiten ausgerichtet sind.

www.vdoe.de
VDOE BerufsVerband Oecotrophologie e. V.
Agricolastraße 25
10555 Berlin
E-Mail: vdoe@vdoe.de
Hier finden Sie eine Liste von erfahrenen Kollegen und Kolleginnen, die auf die Ernährungstherapie von Erkrankungen im Magen-Darm-Bereich sowie von Allergien spezialisiert sind.

www.daab.de
Deutscher Allergie- und Asthmabund e. V. (DAAB)
An der Eickesmühle 15–19
41238 Mönchengladbach
E-Mail: info@daab.de
Auf dieser Webseite finden Sie fast alles zu den Themen Allergien, Asthma und Neurodermitis. Hier erhalten Sie auch eine Liste von Fachkräften, die sich auf die Ernährungstherapie von Allergien und Unverträglichkeiten spezialisiert haben.

Weitere Informationen zum Thema Essen

www.dge.de
Die DGE befasst sich mit allen auf dem Gebiet der Ernährung auftretenden Fragen. Sie informiert über neue Erkenntnisse und Entwicklungen und macht diese durch Publikationen und Veranstaltungen verfügbar.

www.was-wir-essen.de
In diesem Portal finden Sie Wissenswertes rund um Landwirtschaft, Ernährung und Verbraucherschutz. Jede Rubrik informiert über Lebensmittel und über allgemeine Themen wie »Ökolandbau«, »Gentechnik« oder »Ernährungsempfehlungen«. Zu jedem Thema gibt es Internetseiten, Adressen kompetenter Ansprechpartner, Inhalte wissenschaftlicher Forschungsarbeiten, Fachliteratur und Tagungsinformationen. Ratsuchende können sich per E-Mail an die Experten wenden. Außerdem existiert ein Diskussionsforum.

www.bzfe.de
Erstellt von der Bundesanstalt für Landwirtschaft und Ernährung. Hier finden Sie neutrale sowie wissenschaftlich fundierte Informationen zu fast allen Ernährungsthemen sowie Hilfestellung für eine ausgewogene und nachhaltige Ernährung.

www.dife.de
Das Deutsche Institut für Ernährungsforschung Potsdam-Rehbrücke (DIfE) untersucht die Zusammenhänge zwischen Ernährung und Gesundheit von den molekularen Grundlagen bis zur klinischen Anwendung. Die Grundlagen dafür werden in interdisziplinärer Zusammenarbeit mit einem breiten naturwissenschaftlichen, medizinischen und epidemiologischen Methodenspektrum erarbeitet.

SACHREGISTER

REZEPTREGISTER

Natürlich lecker.
HISTA FOOD
Ohne Kompromisse.
Histamin-Intoleranz?
HistaFood hat die perfekte Lösung: Lebensmittel, die für eine histaminarme Ernährung geeignet sind!
Sorgfältig ausgewählte Bio-Zutaten, vegan und ohne Zusatzstoffe
Ohne Hefe, Zwiebeln, Knoblauch und Pfeffer
Die perfekte Basis für Suppen, Eintöpfe, Saucen oder als Trinkbrühe zwischendurch
Unsere Bio GemüseBrühe ist geeignet für eine histaminarme, glutenfreie, laktosefreie & fructosearme Ernährung
HISTA FOOD
Gemüse Brühe
BIO
Gemüse & Kräuter
geeignet für eine histaminarme und fructosearme Ernährung
glutenfrei
vegan
Entdecke jetzt unsere Vielfalt an Lebensmitteln, die für folgende Ernährungsweisen geeignet sind:
histaminarm
fructosearm
glutenfrei
laktosefrei
ohne Zusatzstoffe
Bio
vegan
www.histafood.eu

QUALITÄTS G|U GARANTIE

LIEBE LESERINNEN UND LESER,

wir wollen Ihnen mit diesem Buch Informationen und Anregungen geben, um Ihnen das Leben zu erleichtern oder Sie zu inspirieren, Neues auszuprobieren. Wir achten bei der Erstellung unserer Bücher auf Aktualität und stellen höchste Ansprüche an Inhalt und Gestaltung. Alle Anleitungen und Rezepte werden von unseren Autoren, jeweils Experten auf ihren Gebieten, gewissenhaft erstellt und von unseren Redakteur*innen mit größter Sorgfalt ausgewählt und geprüft.

Haben wir Ihre Erwartungen erfüllt? Sind Sie mit diesem Buch und seinen Inhalten zufrieden? Wir freuen uns auf Ihre Rückmeldung. Und wir freuen uns, wenn Sie diesen Titel weiterempfehlen, in Ihrem Freundeskreis oder bei Ihrem Online-Kauf.

Sollten wir Ihre Erwartungen so gar nicht erfüllt haben, tauschen wir Ihnen Ihr Buch jederzeit gegen ein gleichwertiges zum gleichen oder ähnlichen Thema um.

KONTAKT ZUM LESERSERVICE

GRÄFE UND UNZER VERLAG
Grillparzerstraße 8
81675 München
www.gu.de

IMPRESSUM

G|U

GU ist eine eingetragene Marke der GRÄFE UND UNZER VERLAG GmbH, www.gu.de

ISBN 978-3-8338-9444-2
2. Auflage 2026

Projektleitung: Elke Sieferer
Lektorat: Cora Wetzstein, Kathrin Gritschneder (Neuauflage)
Korrektorat: Jutta Weikmann
Umschlaggestaltung und Layout: ki36 Editorial Design, München, Sabine Krohberger
Herstellung: Renate Hutt
Satz: Christopher Hammond
Reproduktion: Medienprinzen GmbH, München
Druck und Bindung: Firmengruppe Appl, aprinta druck, Wemding

Printed in Germany

Umwelthinweis:
Nachhaltigkeit ist uns sehr wichtig. Der Rohstoff Papier ist in der Buchproduktion hierfür von entscheidender Bedeutung. Daher ist dieses Buch auf PEFC-zertifiziertem Papier gedruckt. PEFC garantiert, dass ökologische, soziale und ökonomische Aspekte in der Verarbeitungskette unabhängig überwacht werden und lückenlos nachvollziehbar sind.

Die GU-Homepage finden Sie unter www.gu.de

Bildnachweis:
Cover, S. 2, 5, 40, 43, 45, 51, 55, 59, 67, 68f, 72, 74, 77-79, 83, 85-87, 89-91, 93, 97, 99, 103-105, 109, 111, 113, 122f, 127, 129-131, 133f, 153, 155, 163, 165, 169-171, 176f, 179: StockFood Studios/Jan Wischnewski; S. 159: Katrin Winner; alle weiteren Fotos: Kramp + Gölling; Icons: Adobe Stock; Illustrationen: Ela Strickert
Bildagentur Image Professionals GmbH, Tumblingerstr. 32, 80337 München, www.imageprofessionals.com

Wichtiger Hinweis
Die Gedanken, Methoden und Anregungen in diesem Buch stellen die Meinung bzw. Erfahrung der Verfasserin dar. Sie wurden nach bestem Wissen erstellt und mit größtmöglicher Sorgfalt geprüft. Sie bieten jedoch keinen Ersatz für persönlichen, kompetenten medizinischen Rat. Jede Leserin, jeder Leser ist für das eigene Tun und Lassen auch weiterhin selbst verantwortlich. Weder Autorin noch Verlag können für eventuelle Nachteile oder Schäden, die aus den im Buch gegebenen praktischen Hinweisen resultieren, eine Haftung übernehmen.